世界の鉄道経営「今後の選択」

―わが体験的（21世紀）鉄道論―

角本 良平 著

流通経済大学出版会

などは鉄道政策にあってはならない。国土の諸条件にふさわしい輸送と経営であってこそ評価される。

鉄道の存続には，(1)大量の需要が存在し自立できるか，(2)納税者の費用負担がなければならない。この需要の量は他手段の性能に左右される。鉄道は，自由度においては乗用車やトラックに，速度では飛行機に劣る。しかし，他の手段にも空間入手，環境保全の上で能力発揮の限界があり，もし，鉄道が路線の配置とターミナルの設定に有利であれば，その限りで存在が認められる。

この鉄道をできるだけ自立採算にするか，それとも納税者負担とするかは，各国，各地域，各都市の判断による。国民あるいは住民の気質気風に依存する所が大きい。我が国としては，かつての国鉄経営の経緯から見て，自立経営に徹底し，公共助成の最小が望ましい。これが66年間鉄道経営を眺めてきた者の結論であり，重要なのは，企業と国地方の財政のいずれもが債務を翌年に繰り越さないことである。

2007年の今日，20年以上前の国鉄債務の重荷が，なお20兆円以上（1人当たり17万円）も国民に残っているのであり，同じ誤りを再発させてはならない。

この経営の面でも各国はそれぞれに工夫し，成功と失敗を重ねてきた。今や，西ヨーロッパでは経営の「上下分離」があり，また，社会主義国では企業の民営化が試みられている。輸送面と同時に，経営面の施策が注目される。本書はそれらの経過を要約し，論評した。

その過程において，外国鉄道の高速化などの情報が次々に加わり，この部門にくわしい飯島覺氏の協力を得た。また，企業経営の判断と書名には公企業経営が専門の片桐幸雄氏の助言を求めた。

本書を読まれる際，結論を急ぐ読者は，第Ⅹ章第Ⅲ節JR20年，次の20年を見ていただきたい。さらに興味があれば，第Ⅳ章第Ⅱ節第2項鉄道建設に七つの着眼点により，任意の国や地方を比較することをおすすめする。

空間不足の時代ゆえに鉄道には永続の道が開かれている。ただし，永続はその範囲だけなのである。

本書の作成には青山学院大学准教授福井義高氏を初め，多くの方々のお世話になった。立論の細部の検討には白鷗大学准教授山田徳彦氏をわずらわした。60数年間の鉄道研究のまとめに当たり，若い世代の協力を得たのは，今後の研究に期待する者として心強い限りである。この世代に21世紀半ばまでは確認していただきたいと考える。

　協力して下さった諸氏に，心からお礼申し上げたい。

2007年6月　著者

目　次

まえがき―各国それぞれの目標に前進― ………………………………… i

序　章　21世紀の日本と世界 …………………………………………… 1
I　鉄道を相手に66年 …………………………………………………… 1
1．鉄道の面白さ―多様性・意外性・関連性 ……………………… 1
2．成功へのキーワード ……………………………………………… 3
II　我が国の特色―乗車人員"多", 乗車距離"短" ……………………… 8
1．世界を鏡に ………………………………………………………… 8
2．鉄道経営ベストスリーの一員 …………………………………… 17
3．いま日本の問題点
　　―東京駅への過集中, 新幹線の納税者収奪 ………………… 19
4．世界の事例―大ターミナル駅と高速新線 ……………………… 22
5．高速化の収支, 安全にも一言 …………………………………… 26
6．21世紀への処方箋 ………………………………………………… 28

〔各国の状況〕

第Ⅰ章　西ヨーロッパ16国 ……………………………………………… 29
I　各国の特色―人員・トン数と輸送距離 …………………………… 29
1．地形と人口分布への対応 ………………………………………… 29
2．輸送と収支―英・仏・独・伊 …………………………………… 35
3．スイスとオランダ・ベルギー・九州 …………………………… 37
4．北欧4国と北海道 ………………………………………………… 43
5．ルクセンブルクとオーストリア・アイルランド・ポルトガル・
　　スペイン ………………………………………………………… 44

Ⅱ　経営責任の分割································· 45
　　　1．「上下分離」制の採用························· 45
　　　2．「上下分離」はフィクション経営················ 49

第Ⅱ章　7大国の特色································· 53
　Ⅰ　アメリカ大陸の大国································ 53
　　　1．「貨物鉄道」主体のアメリカ····················· 53
　　　2．同一類型のカナダ····························· 55
　　　3．なお模索中のブラジル························· 56
　Ⅱ　中国，インド，ロシア，オーストラリア············· 57
　　　1．鉄道「急整備」の中国························· 57
　　　2．能力整備が予想される鉄道大国：インド·········· 59
　　　3．ロシアの企業改革は成功するか·················· 59
　　　4．別個の類型：オーストラリア···················· 61

〔「限界の時代」に到達〕
第Ⅲ章　現段階の問題点······························· 63
　Ⅰ　経済合理性の軽視，その反撃······················· 63
　　　1．高速新線の飽和—（300＋X）km/h時代の意味····· 63
　　　2．海峡連絡鉄道の「破産」······················· 67
　Ⅱ　鉄道が活動する範囲······························· 69
　　　1．技術開発への期待と限界······················· 69
　　　2．費用負担方式の選択··························· 71

第Ⅳ章　鉄道網は広がるか····························· 73
　Ⅰ　世界の地図に路線を描く··························· 73
　　　1．かつて1940年の夢（「未成鉄道」）················ 73
　　　2．21世紀初め2路線の開通······················· 75
　Ⅱ　今後の建設······································· 77

1．需要の先行か，供給による誘発か 77
　　2．鉄道建設に七つの着眼点 78
　　3．旅客鉄道普及の地域に2類型 82
　　4．路線の整理と整備 84

〔日欧旅客鉄道の成果〕
第Ⅴ章　"高速化"競争の半世紀 87
　Ⅰ　TGV，ICE，ETR等の登場 87
　　1．300km/h運転の実現 87
　　2．「高速新線」と「海峡連絡」 90
　　3．フランスTGVが示す速度への"本能" 94
　　4．ドイツICE路線網の整備 97
　Ⅱ　協力と交流 100
　　1．高速化進展 100
　　2．仏独に交通体系の違い 102
　　3．日・欧・米の特色 103
　　4．日欧の交流 104

第Ⅵ章　中央駅の設定—東京とベルリン 107
　Ⅰ　東京駅の誕生 107
　　1．112年も昔，ベルリンから東京への提言 107
　　2．長距離列車発着の「東京モデル」 112
　Ⅱ　ベルリン2006年 116
　　1．「きのこ型」に路線を利用 116
　　2．ベルリンの鉄道路線発達 118
　　3．都市規模と鉄道網の均衡 121
　　4．苦難の克服—東西分裂45年 123
　　5．日独の交通体系は変わりうるか 125

第Ⅶ章　都市鉄道に限界
　　　　──東京・ロンドン・パリ・ローマ────127
　Ⅰ　都市鉄道の役割と経営────127
　　1．都市交通の歴史性────127
　　2．自動車時代の都市鉄道経営────128
　　3．供給体制の調整，広域の運賃調整────130
　Ⅱ　都市交通の空間確保────132
　　1．ターミナル駅の位置と方式────132
　　2．鉄道用空間の確保に人間心理の限界────132

〔今後の選択〕
第Ⅷ章　交通の広域化と「鉄道離れ」進行────135
　Ⅰ　交通への関心は全地球に────135
　　1．地球・宇宙の時代────135
　　2．人の移動の地表面への広がり────136
　　3．人間の生活，人間の文化を見る────138
　Ⅱ　なお鉄道への期待────139
　　1．大量移動に空間の不足────139
　　2．21世紀へのスケッチ──交通を取り巻く諸条件────141

第Ⅸ章　昨日の夢を捨てよう────145
　Ⅰ　鉄道の今後の役割────145
　　1．鉄道旅客輸送に三つの限界────145
　　2．将来への本書の判断────147
　Ⅱ　我が国の鉄道は今や転換点────149
　　1．転換点における成功例と失敗例────149
　　2．なお需要"粉飾"の発生────153
　　3．大切なのは状況の正確な把握────156

第Ⅹ章　21世紀の選択 ································· 159
Ⅰ　今後の対策 ······································· 159
　1．基本の前提は需要の存在 ························· 159
　2．投資計画修正・営業路線縮小の必要 ··············· 160
　3．経営責任の自立 ································· 161
Ⅱ　展　望 ··· 162
　1．最悪のシナリオ—政治は逃亡・経営は崩壊 ·········· 162
　2．鉄道人の説明責任 ······························· 164
　3．21世紀の可能性 ································· 165
Ⅲ　JR20年，次の20年 ································· 166
　1．発足前の23年（赤字累積下の苦闘） ··············· 166
　2．20年間の成果 ··································· 168
　3．次の20年 ······································· 169
Ⅳ　むすび—経済合理性の支配 ························· 174

参考文献 ··· 176
「重要語句」索引 ····································· 189

《図表目次》

図

　1．国鉄収支（1964-86） ································ 10
　2．旅客人キロ（1960-2004） ···························· 10
　3．貨物トンキロ（1960-2004） ·························· 11
　4．国鉄＝JRの貨物輸送量（1960-2005） ·················· 11
　5A．旅客人キロにおける鉄道分担率（日本，1965－2000）
　　　·· 12
　5B．旅客人キロにおける鉄道分担率（英独仏米，1965－2000）
　　　·· 12

6. 貨物トンキロにおける鉄道分担率（日英独仏米，1965-2000）	13
7A. 旅客人キロにおける鉄道分担率（日英独仏，1970, 2000）	13
7B. 貨物トンキロにおける鉄道分担率（日英独仏米，1970, 2000）	14
8. 旅客人キロ分担率（1960-2004）	14
9. 貨物トンキロ分担率（1960-2004）	15
10. 人口密度の国際比較	15
11. 鉄道旅客輸送密度の国際比較	16
12. 鉄道貨物輸送密度の国際比較	16
13. 西ヨーロッパ16国の首都	30
14. 寺田寅彦の行程　ミラノ－ベルリン（1909年）	31
15. 国民の鉄道利用（1人当たり人キロの構成）	32
16. 鉄道旅客輸送密度（営業キロ当たり人キロ）	34
17. 中国の旅客専用高速鉄道整備計画	58
18. 高速列車の距離と所要時間（一例）	89
19. ドイツの高速新線	98
20. 環状線と中央駅の位置（東京とベルリン）	108
21. 東京とその周辺の地図（東京駅以前，1903年）	110
22. ベルリン中央駅の路線利用（「きのこ型」モデル）	116
23. ベルリンの鉄道路線の開通	119
24. JR東日本旅客輸送量（1970-2006）	170
25. JR東海旅客輸送量（1970-2006）	171
26. JR西日本旅客輸送量（1970-2006）	172
27. 客貨輸送に見るJR 2005年度の位置	173

付表

1. 日・西欧・米の鉄道輸送	177

2．5か国の輸送機関別輸送量の推移（1965-90） ……………… 178
3．日英独仏の輸送機関別輸送量の推移（1995-2002） ………… 180
4．国民の鉄道利用比較 ……………………………………………… 182
5．JR九州とオランダ，ベルギー，スイス ……………………… 182
6．JR北海道と北欧4か国 …………………………………………… 182
7．JR7社とルクセンブルク，オーストリア，アイルランド，
　　ポルトガル，スペイン ………………………………………… 183
8．西ヨーロッパ16国の鉄道の営業収支 ………………………… 183
9．日本と7大国 ……………………………………………………… 184
10．米国の交通手段別輸送量の推移 ……………………………… 184
11．アメリカ大陸の3大国 …………………………………………… 185
12．中国，インド，ロシア，オーストラリア …………………… 185
13．12都府県の面積・人口における比重 ………………………… 186
14．JR本州3社旅客輸送量対比（1996, 2006） …………………… 187

序　章　21世紀の日本と世界

I　鉄道を相手に66年

1．鉄道の面白さ―多様性・意外性・関連性

　かつて60年前，国鉄（JRの前身）に入り立ての私に"O製紙"の化学技師だったI氏が言った。

　「鉄道経営などどこが面白い。」

　決まり切った列車ダイヤで毎日人と物を運ぶ繰り返しは彼には単調そのものに見えたのであろう。しかし私には日々が多様な変化の連続であった。政治行政との対決を見ていては特にそう感じた。

　鉄道を外から眺める立場になっても興味はかわらない。俳句や絵画とは比較できないにせよ，そこにはそれなりの理由があった。

　鉄道を相手にして何が私に面白いか。大別して三つある。第1は世界各地の鉄道が示す多様性であり，諸条件に合わせた選択の知恵。列車は大平原を走り，急傾斜を登る。海底にも行けば，5千メートルの高地も越える。線路の規格，車両のデザインに専門家が腕を振るい，運賃をどう決めるかというソフトの面でも議論は百出，学界からも提言が続く。同じ高速化でも展開は国によって異なる。

　この多様な世界において自動車・飛行機が普及し，鉄道路線の多くは自立がむずかしい。廃止するのも一つの選択である。しかし地域住民には，存続の主張が多く，旅客鉄道の大部分は社会装置として扱われ，財政支援によって存続する。EU諸国は輸送の経営と線路の経営の切り離しにまで進んだ（「上下分離」）。

　我が国には思いもよらぬ制度が定着した。全く意外なことがおこる。こ

の意外性が第2の面白さである。

　さらに私にとってそれ以上の驚きだったのはEUに加盟しないスイスの連邦鉄道だけが在来方式のまま黒字を回復していることで，鉄道発祥のイギリスも，TGVのフランスも目下なお苦闘中なのである。ようやくドイツが最近黒字経営にもどった。スイスは，客貨の輸送密度が高い。

　日本のたとえでいえば，関東の鉄道は赤字，長野県だけは黒字を持続といわれるほどの驚きである。世界を見回して今確実に黒字経営の持続は我がJR旅客本州3社と米国の貨物鉄道，それにこのスイス連邦鉄道しかない。もちろん我が国には多数の優良企業がある。おそらくその事実は逆に多くの国々にとって驚きであろう。

　鉄道を通じて全世界に連想が広がる。A地の試みをB地で使ったらどうなるか。この関連性が第3の面白さである。

　世界の鉄道は発達の歴史を共有してきた。40年前，1960年代はなお長距離寝台列車が動いていた。今は「乗車時間3時間まで」が主体である。

　貨物輸送では1車単位が原則であったのが，専用列車とコンテナ輸送に変わった。

　しかし個々の試みでは，A地の成功がB地でもそうなるとは限らないし，A，Bともに失敗もある。発想の言葉だけが残った。

　東京－大阪間の新幹線により二つの巨大都市を結ぶ計画が刺激された。ただし，多くの区間では話だけで終わった。

　海峡連絡では青函の着工がドーヴァーの建設（ユーロトンネル）を促進した。しかし開業してみて両者とも赤字に悩んでいる。

　発想は地球規模の場合もある。東アジアと西ヨーロッパ往復のインド洋経由コンテナを，アメリカ大陸（ランド）を橋（ブリッジ）として，すなわち米国鉄道を経由する「ランドブリッジ」構想がその発展策として1950年代に提唱された。やがてシベリア鉄道をそのように使う方式がいわれ，次は中国鉄道を連雲港－中央アジア－ロッテルダム間に使う主張が生まれた。いずれも言葉だけが先行した。

　鉄道には以上のように，(1)多様性，(2)意外性，(3)関連性の面白さがあり，

今後への期待が語られる。しかし，現実はきびしく，新しい可能性はもはや少ない。TGV，ICE，ETR（第Ⅰ章第Ⅰ節第１項）など高速列車も費用との見比べが求められる。新幹線についてはいうまでもない。

　21世紀において世界各国の鉄道を比較し，それぞれの長短から学ぶことがなお多い。特に類似条件の下では課題は共通であり，その例に北海道とデンマークがある。国全体としては我が国は英独仏への関心が高く，特定の話題としては例えば東京の鉄道網とベルリンとの関連が指摘される。かつて明治大正にはベルリンが東京の参考とされ，今は東京がはるかに巨大になった。両都市について東京駅とベルリン中央駅（2006年）の関連を論じるだけでも興味は尽きない。

　本書は全体を４部に分け，まず世界各国の現況を比較し（Ⅰ，Ⅱ章），次に時代の流れにおいて21世紀初めがどこまで到達できたか，今後をどのように見るべきかを取り上げた（Ⅲ，Ⅳ章）。さらにそれらのことを日欧の旅客鉄道（都市間および大都市）について説明し（Ⅴ，Ⅵ，Ⅶ章），最後に今後21世紀を通じて存続する鉄道，しない鉄道を述べた（Ⅷ，Ⅸ，Ⅹ章）。鉄道の必要の有無は鉄道関係者より先に利用者側が判定しており，この現実を政治・行政・企業労使も言論・研究の人たちも見落としてはならない。架空の夢を追うのはやめよう，というのが本書の趣旨である。序章は鉄道の将来を見る基礎知識であり，著者の経験と考え方を述べた。

　それでは鉄道はどのように理解すればよいのか，次にいくつかの基本項目をあげる。

２．成功へのキーワード

　鉄道の登場は欧米に始まり，我が国は40年遅れた。しかし１世紀後には200km/h以上の高速旅客鉄道は日本が先陣を切り，フランスは17年後，ドイツは27年後であった。なぜそうなったのであろうか。

　経営においてはJR本州３社，多くの在来民鉄，東京メトロなどは黒字を続ける。アメリカでは貨物鉄道はそうであっても，旅客鉄道は自立ではない。西ヨーロッパ16国の中では収支均衡を続けるのはスイスだけである

（ドイツ鉄道DBは2004，2005年は黒字）。なぜ我が国はそうできたのか。

　これらは世界の鉄道を眺め私が暖めてきた疑問であり，ようやく私なりの答を得た。鉄道経営はまず地域におこりうる条件，特に輸送密度を前提とし，かつその条件に対応する能力を必要とする。単に条件さえあれば必ず結果が出るというのではなく，人間の主体性が大切なのである。我が国の鉄道もスイスもこのことを物語る。

　人間の判断が重要な実例として今日世界にいわれる新幹線などの高速新線投資を考えてみよう（本書では200km/h以上の速度のための新線を「高速新線」と呼ぶことにする。）。まず函館－東京－大阪－鹿児島がそれによって結ばれたとして，その２千数百kmを通して乗る人はいるだろうか。おそらくほとんどがその中の数百kmまでの利用であろう。同じことが，例えばベルリン－パリ間の千km余り，パリ－マドリード－リスボンの２千km余りにもいえるのではなかろうか。こう考えていくと，北京－広東２千kmの構想にも判断がつく。飛行機普及の今日，高速新線の役割には数百km範囲の人口密度が重要である。

　我が国はこの意味で，東海道という特別の地域の恩恵を受けた。この地域がなければ新幹線の誕生はなかったであろう。その開業直前までの計画に参加した者として特にそのことを強調しておきたい。ニューヨーク付近の「北東回廊」（ボストン－ワシントン）も西ヨーロッパの巨大都市配置も高速鉄道の自立には今一歩なのである。人口規模が十分ではない。

　さらに東海道新幹線は東京の中心にターミナル駅を置くことができた。その効果が大きい。たしかにニューヨークもそういえるけれども，ここでは需要が小さい。

　今後の鉄道は，特にこのような幸運に恵まれない限り困難が大きい。しかし競争者の自動車・飛行機も成熟段階に入っており，三者の形成する交通体系及びその中の鉄道の将来はどのように予測したらよいか，<u>交通全体が一種の均衡状態に近づきつつある中で，鉄道はその能力に意味のある範囲に自己を限定していけばよい</u>。これが本書の基本の考え方である。

　鉄道の将来は次の８項目のように予測される。

(1)〔時代の流れ―安定成熟の段階〕我が国も世界の多くの国も交通は<u>変化から安定成熟の段階</u>に入った．鉄道の将来を展望するには特にこの認識が大切である．

　在来の拡大政策をそのまま継続するのでは能力過剰の失敗を避けられない．また新幹線とジェット機の登場に際し，未来はさらに「超高速」との期待がいわれたけれども，その可能性は遠のいた．もはや飛躍はなく，21世紀は着実に進む．

(2)〔経営の実態〕20世紀は前半に自動車，飛行機の進出があり，後半にはさらにそれらが普及し，鉄道と水運も対応の努力を続け，船舶の大型化と鉄道の高速化は後半の大きな成果であった．しかし鉄道経営においては，1960年代から80年代にかけて日欧米の多くの企業が赤字に転落，我が国はJR体制への移行により経営を再建した（1987年）．米国はそのころ貨物鉄道に特化し，市場原理を徹底させた．西ヨーロッパではスイス連邦鉄道の黒字回復（1999年）はあるものの，多くの国はなお対策を模索中である．

(3)〔技術の可能性〕技術革新への期待は常にいわれる．しかし今後の可能性は小さい．

　20世紀後半，陸海空において特に強調されたのは大型化・高速化・自動化であり，大型化は100万トンタンカーや800人乗りジャンボ機へと進んだ．高速化は鉄道の300km/h運転や超音速機の試みとなった．自動化は列車運転から接客まで多くの面に採用された．

　しかし物事には限界がある．新幹線列車（16両，400m）やTGVの編成を今以上に長くすることは議論されない．300km/h以上の高速は，得られる効果に対し，エネルギーと環境の面でマイナスが大きい．自動化は経費節減に役立つ反面，サービスの無機質化を招き，乗物としての信頼感，安心感を失わせる．さらに危険を伴う．すでに20世紀末にこれらの限界に到達した．21世紀はそのような段階に入った．

(4)〔20世紀への反省〕21世紀は<u>現在の水準を賢明に維持する段階</u>にあり，各国の鉄道事情がそのことを物語る．20世紀の失敗は，利用者・納税

者の負担能力を超えて輸送能力を拡大し，巨額の負債を累積したことであった。今必要なのはその後始末とこの誤りをくりかえさないことである。20世紀後半は需要を過大に想定していた。

(5)〔鉄道経営のベストスリー〕世界各国の鉄道経営を評価するのは，鉄道に関心を持つ者の夢であった。幸い「最新 世界の鉄道」(2005年，海外鉄道技術協力協会編集，ぎょうせい制作，参考文献1，以下「世界の鉄道」)により概要の把握が可能になり（付表1），以下の記述もこの本を参考にした。

21世紀初め黒字経営のベストスリーは，(2)に述べた日本の多くの旅客鉄道と，米国の貨物鉄道，それにスイスの連邦鉄道である。我が国と常に比較され，刺激し合ってきた仏独英はなおそれらの段階ではなく，なお模索が続いている。西ヨーロッパの国々などに採用された「上下分離」が果たして成功であったかどうか，普及するかには疑問が多い。

EUに加盟しないスイスは上下分離せずに黒字を回復した。本書は特にこの点に着目する。そこに示されたのは特定区間の「輸送密度」の重要性である。鉄道に限らず，陸海空すべての輸送において，大量・定形・継続の需要の有無が経営を左右する。このことは21世紀においても変わらない。

(6)〔鉄道の役割〕人口高密度の我が国では鉄道への期待が特に大きい。しかし数kmの移動には乗用車，数百km以上は飛行機がまず選ばれ，何らかの理由でそれが不可能なときに鉄道なのである。鉄道はもはや第1次選択なのではない。地球規模に拡大した旅行の場合はまして鉄道の出番はない。東京からパリまで1万km（直線9,738km）はたしかに大陸では鉄道路線がつながっていても（営業キロではおそらく1万3千km），それは地図上の話である。ウラジオストクからパリまでシベリア経由は最短でも10日は必要であり，航空に対抗できない。米国の大陸横断数千kmも3泊4日をかける時代ではない。

(7)〔JRの現況〕今日，鉄道の利用は，他の手段が何らかの理由で運び

えないほどに客貨が大量の場合に限られる。ただしその量が自立採算を可能にするほどでなければ公共助成が求められる。利用者負担と公共助成の組み合わせは永久に続く。その際かつて国鉄が自力では解決不可能なほどに債務を累積した失敗をくりかえしてはならない。幸いJR旅客本州3社はそのような配慮の下に20年を経過した。その実績は高く評価される（第Ⅹ章第Ⅲ節参照）。

(8)〔利用者の動向〕鉄道の将来を決定するのは，その直接の当事者よりも，利用者である。このことを政治・行政，企業労使，言論研究側は見落としてはならない。架空の夢を追う余裕はないというのが21世紀の実態である。利用者の集まらない路線に固執できる時代ではない。以上8項目から次の結論が導き出される。

鉄道経営の基本は，今後も次の事項を適切に関連づけることである。残念ながらこの枠組みに責任を持つはずの政治がこの関連をゆがめやすい（第Ⅹ章第Ⅱ節第1項参照）。企業は国民に対し何が可能，何が不可能かを常に明示していく必要がある（「鉄道人の説明責任」第Ⅹ章Ⅱ節第2項）。

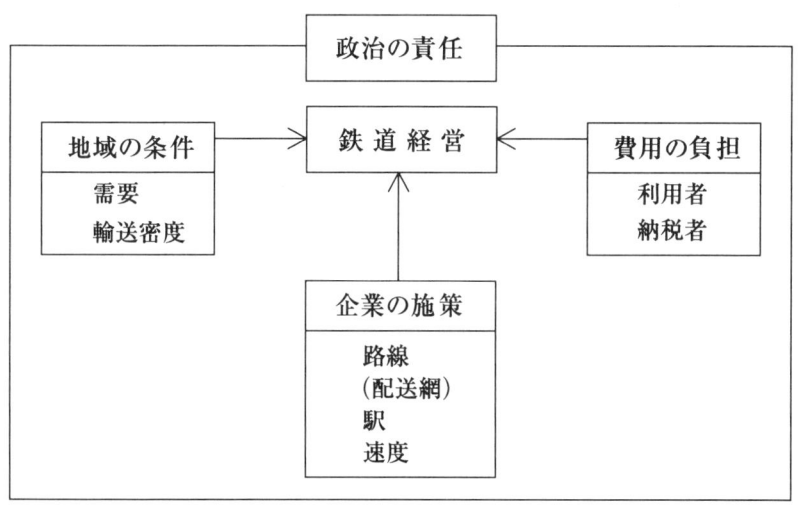

企業としては，地域の条件をよく把握し，費用を負担する方式が政治により保障されるかどうかを見た上で，供給の施策を講ずることになる。

供給は三つのキーワードに着目すればよい。

鉄道の成功に三つのキーワード——沿線・駅・速度

　企業の成功には
　(1)　需要（対象地域）の特色の把握
　(2)　営業拠点の設定
　(3)　商品の質の競争力
が肝要である。
　旅客鉄道では(1)対象地域の性質（輸送密度），(2)主要駅の配置，(3)所要時間・速度が勝敗を決める。
　貨物では(1)需要量の規模，(2)発着利用者との直結システム，(3)適時性である。

本書はこれらの項目について我が国に参考となる事例を全世界から集めた。その中で我が国の施策が高く評価されることを次節に述べる。

Ⅱ　我が国の特色—乗車人員"多"，乗車距離"短"

1．世界を鏡に

　私が永年心がけてきたのは世界の事情を正しく理解し，自国の業績に誇りを持つことであった。1930年代私達は，日本の鉄道は輸送力は小さくても，列車運行は世界一正確と教えられた。今私にはこの主張の長短がよくわかる。比較は列車走行距離と回数に配慮すべきであった。

　1960年代初め国鉄は黒字経営の下で新しい路線を建設し，世界一高速の列車を実現した。それは東海道という地域への対応として成功し，我々は希望と自信に胸をふくらませた。その後，国鉄経営は赤字を累積し，評価は地に落ちたけれども，多くの民鉄企業は優れた経営を続け，それがJR体制発足の契機になった。当時，世界の他の鉄道には参考とすべき事例がなく，日本は日本で考えた。

その後に達成した水準を世界の他の国々と比べてどのように評価できるか。これが特に本書が解明したかったことの一つである。

それには，「世界」という鏡を正しく設定しておく必要がある。他国の情報は，その宣伝にまどわされずに，適切に把握しなければならない。幸い「世界の鉄道」の刊行があり，広く全世界を展望できた。その際の判断には私の過去の旅行経験を論拠にした。

それではこの鏡の中で我が国はどのように位置づけられるだろうか。

まずJRになる前に国鉄は23年間（1964〜86年度）も赤字を続けた（図1）。そのころ欧米の多くの国も，経営不振であった。スイスだけは例外であり，1960年代はおおむね黒字経営であった（参考文献8）。その事情が今日の好成績につながっている（第Ⅰ章第Ⅰ節第3項）。

不振の大きな原因は自動車と飛行機の進出に，鉄道の客貨が停滞減少したことである。わが国の経過は図2，3のとおりで，特に貨物はコンテナ化への努力にもかかわらず，減少が著しい（図4）。

英独仏米の傾向は図5，6，付表2，3，のとおりであり，それらの数字は統計の取り方に違いがあるとはいえ，共通の傾向を示している。交通全体における鉄道の分担率は低下した。

結果を1970年と2000年について比較すると，我が国は旅客において鉄道の分担率が大きく，貨物は著しく小さいことがわかる。（図7）。

国内の他手段との関係は図8，9のとおりであった。旅客において鉄道の分担率が高いのは，人口密度が高く，特に人口集中地域（12都府県）が存在するからである（図10）。

以上の事情は鉄道の輸送密度に現れている。日本はJRの旅客輸送密度が非常に高い（図11）。貨物は，JR貨物の営業キロについて見ると，西ヨーロッパの多くの国より高い（図12）。ただし他の国は営業キロが特に貨物だけという限定ではなく，低く出ている可能性がある（付表1の説明を参照）。あるいは逆もありうる。

図1　国鉄収支（1964-86）

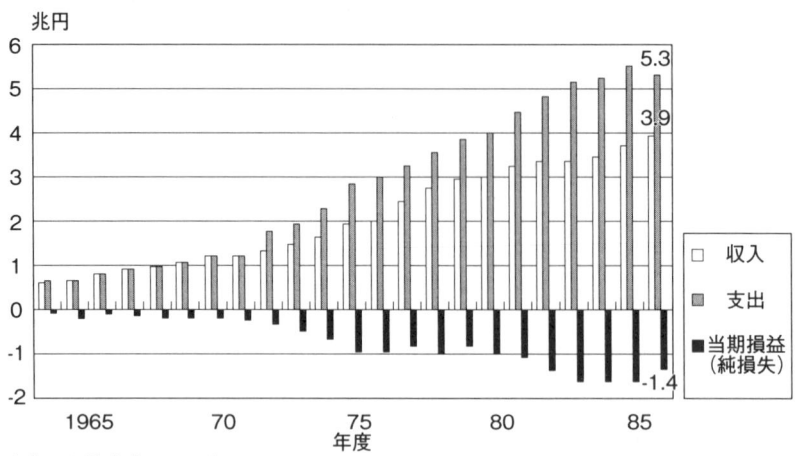

出典：運輸白書，1987年

図2　旅客人キロ（1960-2004）

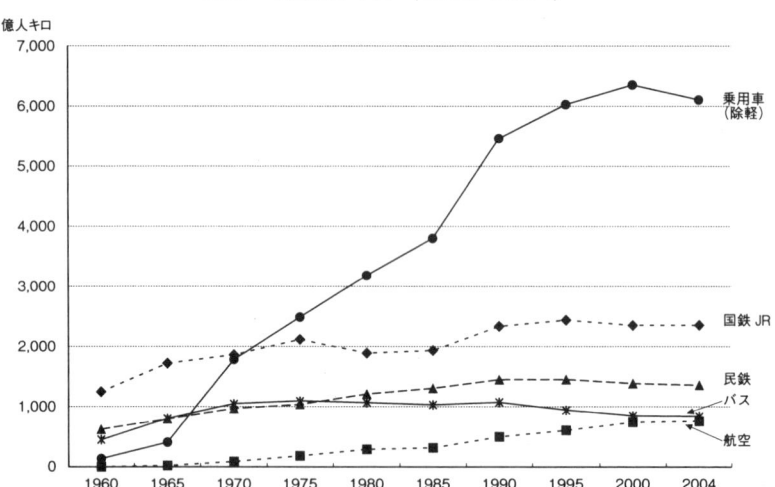

出典：参考文献2により作成。

序　章　21世紀の日本と世界　　11

図3　貨物トンキロ (1960-2004)

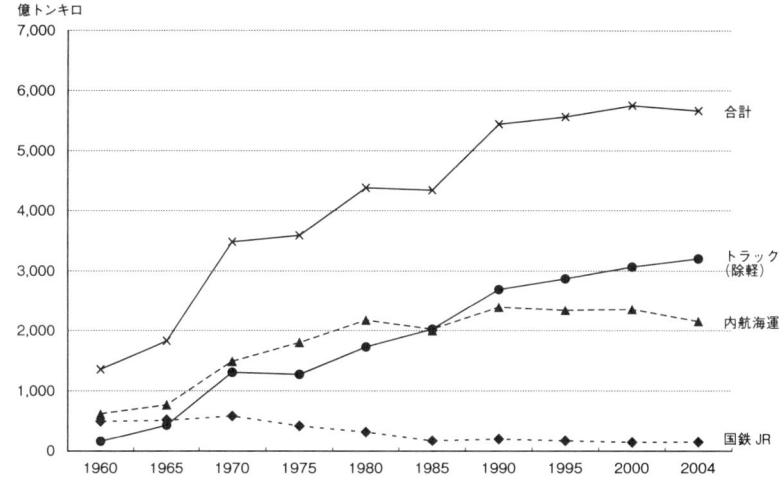

出典：参考文献2により作成。

図4　国鉄＝JRの貨物輸送量 (1960-2005)

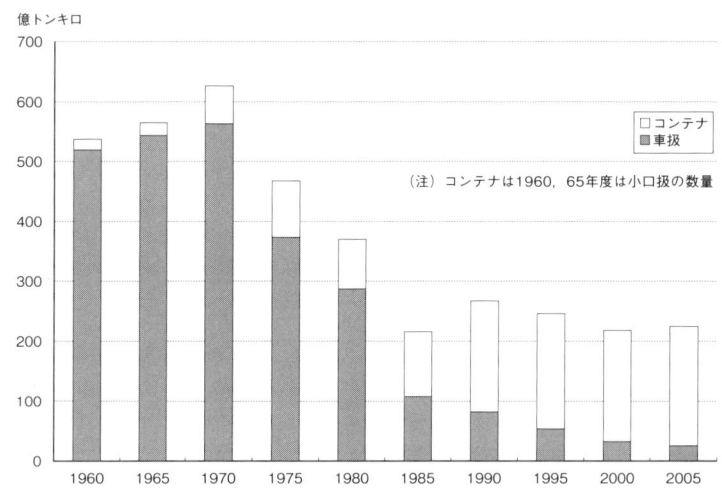

出典：参考文献2により作成。

図5A 旅客人キロにおける鉄道分担率（日本，1965－2000）

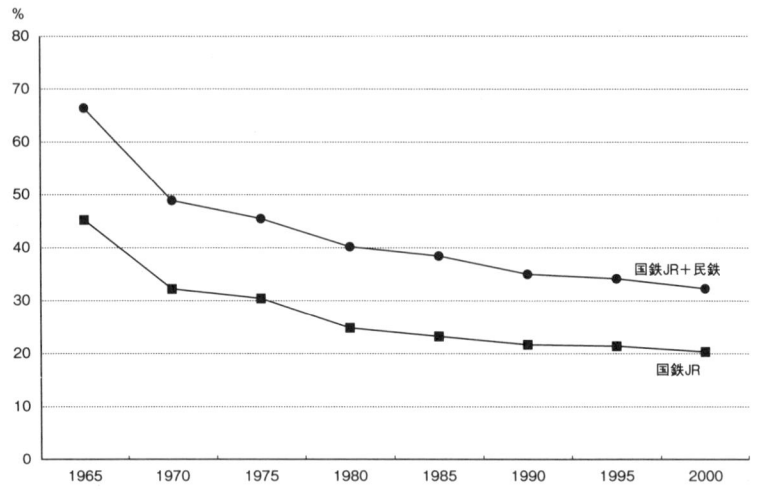

図5B 旅客人キロにおける鉄道分担率（英独仏米，1965－2000）

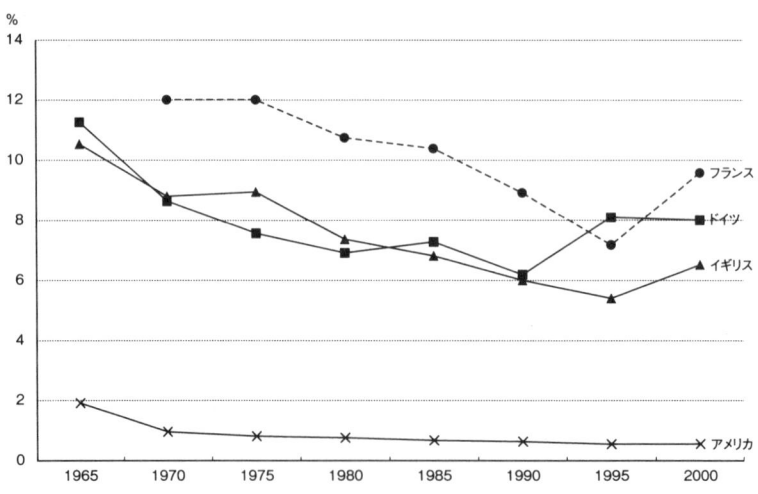

（注）付表2，3，参照。ドイツの1990年までは西ドイツ。

図6　貨物トンキロにおける鉄道分担率（日英独仏米，1965－2000）

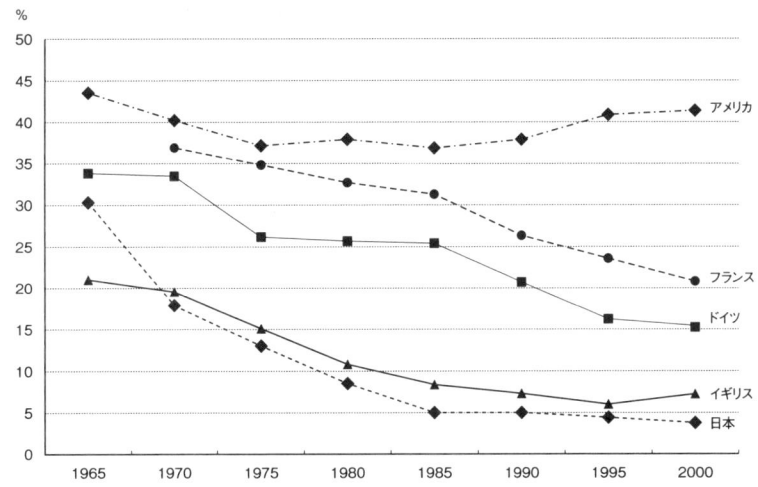

（注）付表2，3．参照。ドイツの1990年までは西ドイツ。

図7A　旅客人キロにおける鉄道分担率（日英独仏，1970，2000）

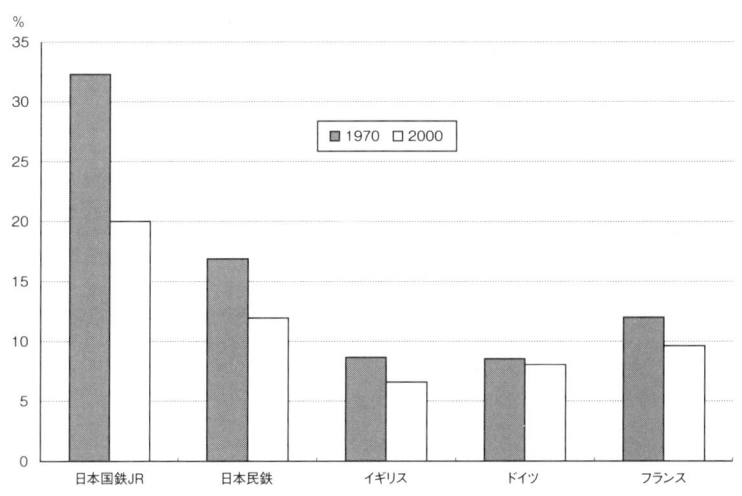

（注）ドイツの1970年は西ドイツ。

図7B　貨物トンキロにおける鉄道分担率（日英独仏米，1970，2000）

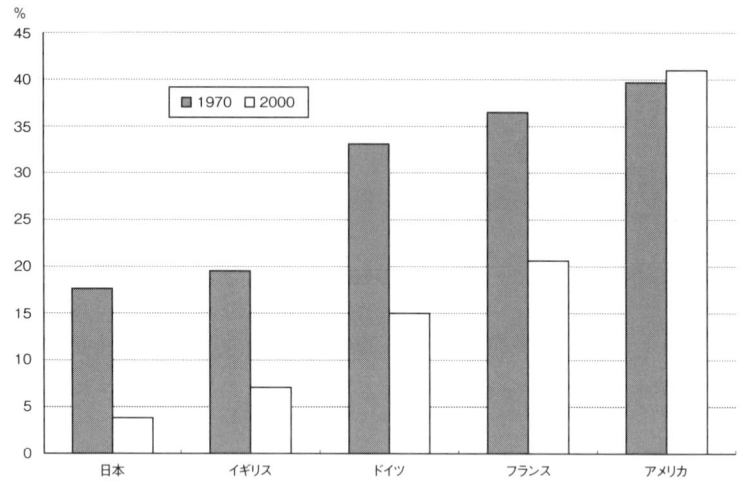

図8　旅客人キロ分担率（1960-2004）

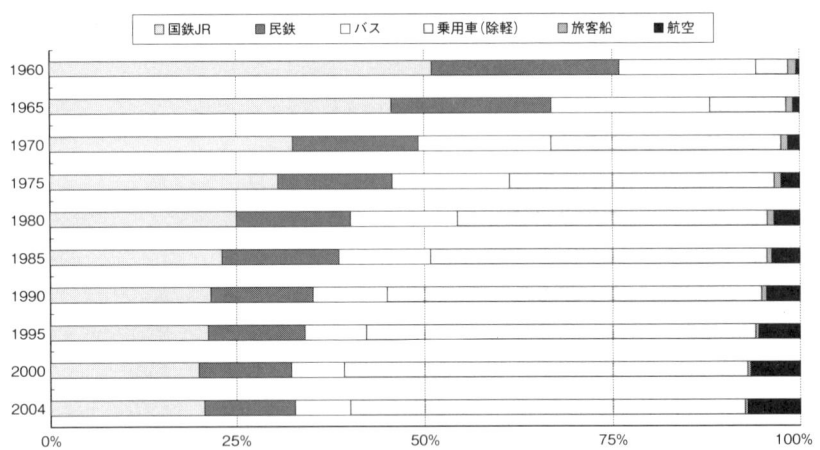

図9 貨物トンキロ分担率(1960-2004)

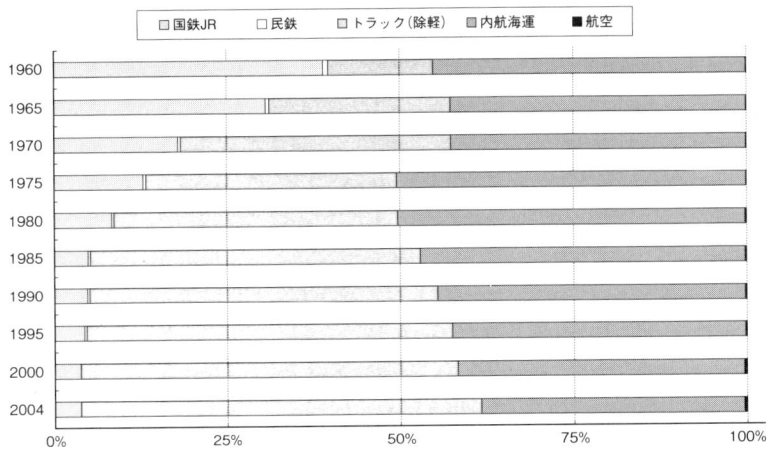

図10 人口密度の国際比較

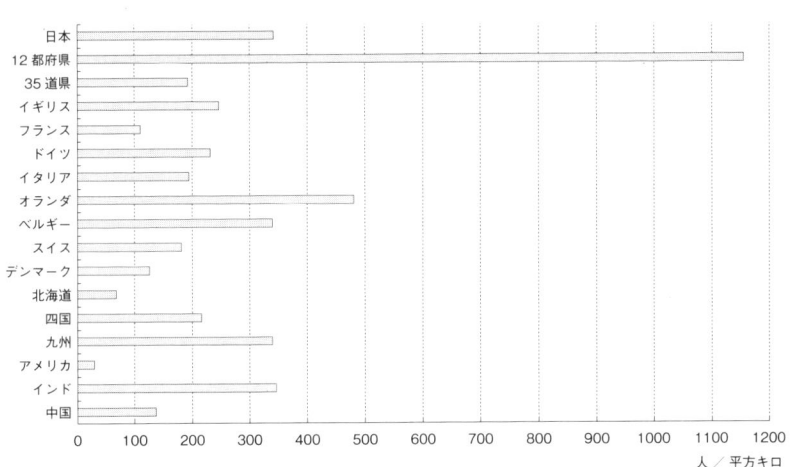

(注) 付表1,9,13,参照。

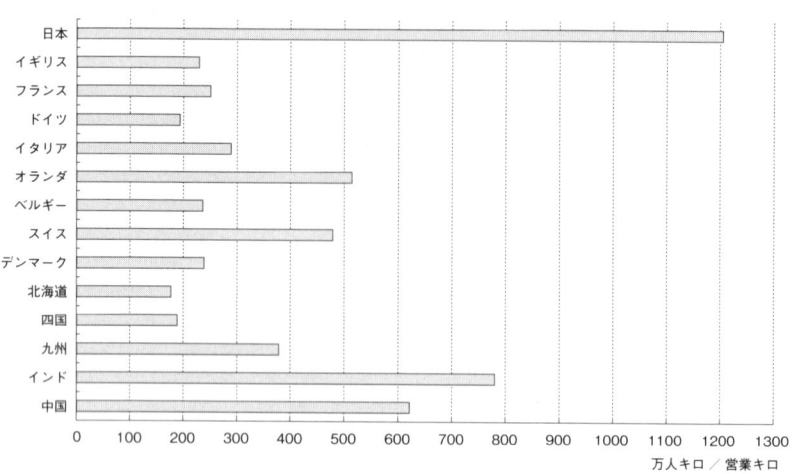

図11 鉄道旅客輸送密度の国際比較

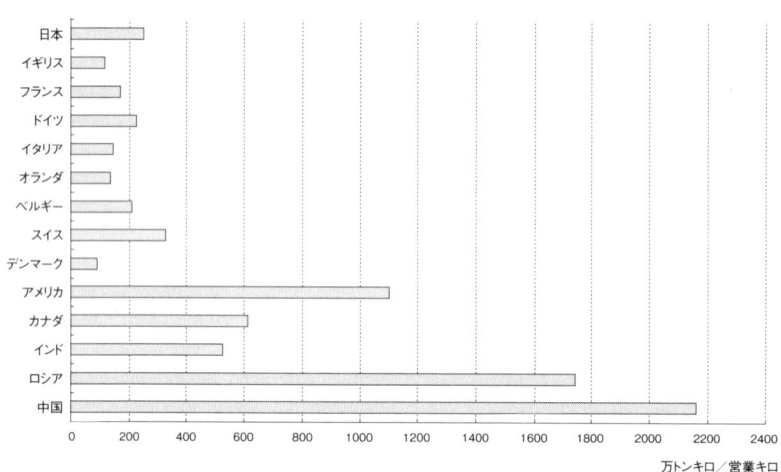

図12 鉄道貨物輸送密度の国際比較

(注):日本,米国,カナダは貨物営業キロ,他は旅客と同じ営業キロ。
出典:参考文献1により作成。

2．鉄道経営ベストスリーの一員

　世界における日本の特色は以上のとおりとして，次に世界の鉄道経営のナンバーワンはどこだろうか。誰でも自国のどこかを選びたい。しかし輸送の質と経営収支によって採点したらどうなるだろうか。

　「世界の鉄道」は136の国々の事実と数字を利用しやすく整理し体系づけており，全世界を比べることができる。この半世紀余り海外の鉄道をいくつか見てきた経験とも合わせ，それらから選んだのがまずスイスである。その努力は利用者としても感じられ，しかも黒字を回復し継続している。

　考えてみれば，鉄道，特に旅客鉄道はもはやそのような広さの中で考えるべき交通手段になったともいえる。たしかに何千kmの利用はあるけれども，もはやそれは鉄道の主体ではなく，数百kmまでが輸送の重要部分なのである。米国の貨物輸送でも，平均の輸送距離は1,111.7km，カナダのカナディアン・ナショナルは757.4kmと意外に短い。大陸横断の貨物はあっても，距離の長くない貨物もある（JRは平均596.8km）。

　米国はこのような鉄道貨物輸送の経営に成功した（第Ⅱ章第Ⅰ節第1項）。

　それでは旅客はといえば，その量と質から見て日本をあげたい。

　これでベストスリーがそろう。西ヨーロッパで別の国が，との異論があるかもしれない。しかし多くの方が考える国々はいずれも「上下分離」制の中で苦闘中であり，経営の前途にまだ光明が見えない。

　なおこれらの選出には資本主義国以外は除いた。私には経験がなく，数字も十分には得られなかったからである。たしかにそれらは鉄道の能力を発揮しているけれども，他手段との競争が自由なのかどうかを確認できない。

　さてそれではこの21世紀初めの優位が今後も続くだろうか。一番不安定なのが日本であり，少子高齢化に賢明に対応できるかがかぎになる。かつて政治と労使の不合理が日本国有鉄道を破滅させた経験も思い出される。なお新幹線投資と低輸送密度路線の存続に今もこだわるのでは先が思いやられる（次項）。

米国は経済合理性に徹しており，資源大国における機能はゆるがないだろう。

スイスは西ヨーロッパの他の国に追い抜かれるかもしれない。ただしそれにはEU官僚の「上下分離」論（第4項）からの脱却が先になければなるまい。ユーロトンネルを破産させる制度（第Ⅲ章第Ⅰ節第2項）を用いた政治の考えにまず改革が必要なのである。スイスはEUには加盟せず，多くの面では協調しながら，独自の地位を保ってきたのである。輸送密度の優位もゆるがない。

以上のベストスリーに対して反論があるに違いない。鉄道経営に輸送密度が重要であり（前節第2項「キーワード」），「一にも二にも輸送密度」なら，その輸送密度があれば当然に選ばれるのではないか。

しかし，その輸送密度が可能性としては存在しても，それを掘り起こせたかどうかは鉄道側の積極策による。その好例が1964年開業の東海道新幹線であった。当時世界には新幹線のような高速用の路線は開業も計画もなかったし，多数の意見は在来線（狭軌）を改良した方式で一部分ずつ線路増設していく措置だったのである。フランスのTGVも発想以前であった（第4項）。

この状況に対し，「新幹線方式」を提案し，国鉄の内外を説得するのは容易でなかった。今日，その実現から年数がたつほど，高輸送密度の存在だけに目が行って，開通させた主体の努力は忘れられやすい。しかし同じ密度なら必ず同一の対策となる必然性はなく，開業を準備した十河信二総裁と島秀雄技師長の指導力がなければこの方式は生まれなかった。

米国の場合，鉄道経営は1950年代から80年代まで試行錯誤の連続であった。独占禁止政策の拘束が貨物鉄道経営に災いとなっていたのを緩和し，ようやく現行体制に到達した。スイスの例ではベルン付近から北東に特定の区間にだけ「高速新線」45km（2004年完成）を設定するまでに多くの議論があったに違いない（第Ⅰ章第Ⅰ節第3項）。

たしかにベストスリーと評価されるには客貨の需要が潜在していなければならない。しかし評価はその潜在した条件に適切に対応してそれを現実

の輸送として実現したかによるのである。その成果をもたらした人間の決断と行動に着目しベストスリーの地位が与えられることを忘れてはならない。

　それでは21世紀の我が国はこの地位を続けることができるか，次にそのことを取り上げる。

3．いま日本の問題点―東京駅への過集中，新幹線の納税者収奪

　ベストスリーに入る日本の鉄道はこれからもその地位を続けるだろうか。すべては今後の選択による。

　鉄道の持つ魅力あるいは魔力はしばしば人間を不可能への挑戦にかりたてる。時にはそれは成功し，評価される。しかし物事には限度がある。21世紀の日本には特にそうである。

　まずここで二つの話題から始めたい。一つは日本の鉄道を象徴する「東京駅」の諸計画。今一つはそこから出発する「新幹線」への投資である。交通には発着の中心（node）とそれらを結ぶ路線（link）への適切な配慮が要求される。

　すでに東京駅は一つの駅として，災害時などに対応不可能なほど巨大になってしまった。周囲には次々に高層ビルが立つ。また新幹線投資は国民に重い負担ではなかろうか。新幹線新線の旅客1人当たり，1人キロ当たりの費用は，収入単価を大きく上回る。一体納税者はなぜその差額を負担すべきなのか。国民のこれらの疑問に政治行政は答えない。

　東京駅は主として技術面の課題である。たしかに一地点に全国の列車を集めると便利になる。また各地方からの利用者は，東京の他の地点ではなく，その中心としての東京駅到着を希望してきた。そこに地方の夢があった。

　この状況において東京駅を取り囲むビル群がその床面積を増加させている。列車本数（現在，約4千本）がふえるとともに，それに合わせたように利用者の動きは複雑になる。「過集中」は避けられないし，わずかの「切っ掛け」で大災害がおこる。私は中央通路を歩くたびにその心配をす

る。心配は私だけではあるまい。ただし私には特に切実である。事故がおこれば，そこへ新幹線まで入れたのが誤りだったと批判されよう。

　今から半世紀前，私は東海道新幹線の計画に参加し，業務責任者として東京駅案を推進した。その当時は品川から東京へ複線を入れる余裕が残されていて，それを利用できた。幸い計画は実現した。

　東海道新幹線についてはその利用量と収支を自分自身で算定して，自立採算で経営できるとの結論が得られたし，事実，国の公共資金は入れないで建設できた。もし納税者負担を求める計画であれば，政治も国民もこの大計画は「夢の超特急」として否定したであろう。当時，多くの人は実現するはずがない「夢」と考えていた。

　途中で工事費が当初計画の2倍に膨張したとき，国民の批判が集中した。しかし地価・物価の騰貴による結果であり，すべて説明のつくことで，収支は予想通りに順調であった。地価・物価を上昇させていた好景気は利用量を押し上げ，また運賃料金の改正を必要とさせていたのである。

　この段階までは成功であった。もしそこで新幹線投資を終わり，また開業前年の実施の公共料金抑制がなければ，当時の国鉄（「日本国有鉄道」という公共企業体）は長く黒字経営を続けていたはずである。前節第2項に掲げた三つのキーワード（輸送密度・駅配置・所要時間）はこの過程を眺めてきた経験による。

　しかし間もなく山陽新幹線の建設が始まった。利用（輸送密度）が東海道新幹線の4割以下の路線（現在は3割）を，同じ自立採算方式で，しかももっと工事費をかけるのでは，赤字は必至であった。全線開通の1975年には，他の原因も重なって国鉄経営は動きがとれなくなった。だが政治行政はさらに東北・上越新幹線の建設を進め，それらが開通した1980年代にはついに国鉄改革＝JR体制の発足となった。結果として国民は巨額の債務を背負わされた。その支払いは今も続いている。

　しかもその東北・上越新幹線は次に東京駅に入り，東京駅の利用が増大した。私が心配するのは，近距離客と長距離客が集中する混雑，混乱である。朝のラッシュ時に長距離旅客が荷物を持ってホームに向かう。熟練者

だけならまだしも，高齢者や幼児がいる。これで事故がおこらないのがふしぎといえよう。

その東京駅に，丸の内駅舎の「容積率」の余裕分を利用して，さらに周辺にビルの床面積がふえる。それがただちに東京駅利用の増加とはならないにせよ，現在すでに削減が望まれている集中を，逆に促進するのである。

他方，新幹線の方は北海道，東北，北陸，九州で建設中であり，それらから東京駅への列車が到着する。ただし，すでに飛行機の時代であり，遠距離からの旅客数は多くない。

今後は新幹線投資の負担も問題である。国・地方の財政が困窮しているのになぜ新幹線を建設しつづけるのか。そこに見られるのは鉄道への郷愁でしかない。あるいは工事そのものへの固執である。

鉄道への財政支出はこれまで珍しいことではない。問題はそれが果たして社会として必要なのかである。一体1970年代初めの制度や投資計画を21世紀の今もなお継続すべきなのかどうか。鉄道の役割は大きく変化しているのではなかろうか。利用度が低くても，全国に高速道路と新幹線と空港をという要求が一時は支持された。しかし何事も極端に進めば弊害が増大する。特に，国・地方の財政が窮乏しよう。交通整備よりも財政再建の方が重要となる。

かつて国鉄対策は路線の整理縮小として論じられ，約3,000km（特定地方交通線）＊の整理が1980年代にあった。今，JRもJR以外も，我が国の全鉄道において同様の措置が必要なのである。自動車が普及し，道路が整備された今日，移動する者はまず乗用車の利用を考える。長距離では飛行機が選択される。それらが何らかの理由で不利と考えられたときだけ，鉄道

＊国鉄改革＝JR発足の前後にはローカル線（特定地方交通線）3,000kmをバスなどに転換した。しかし存続した路線にもその後利用減少の所があり，当時の転換基準（営業キロ当たり1日4,000人未満の密度）に該当の路線がふえた。北海道の場合は2004年度に営業キロの66％（1,647km）がそうであった。
「幹線」と扱われる路線も今日，輸送密度の低い事例がある。2005年度，函館8,898人，根室1,657人，奥羽5,699人，羽越4,665人，山陰7,587人，予讃・土讃6,138人，日豊9,298人と低かった。なおこれらは関連の路線を加えた計算である（例，函館には江差線，海峡線を含む）。

が選ばれる（前述図5，8）。鉄道は二つの手段から挟撃を受け，かろうじてその「すき間」に残る需要を扱うに過ぎない。「すき間産業」なのである。そのことは西ヨーロッパなどでも変わらない。

　それでも在来路線が能力不足というのであれば，鉄道新線への公共資金投入の言い訳が立つ。しかし目下進行中の新幹線工事区間はそうではないし，ましてそれらに続く計画路線はそうでない。このまま投資を続けるのでは財政を破滅に追い込むだけである。同様のことは今日の高速道路計画にも指摘できる（参考文献6）。

　それでは以上に述べた「東京駅」や「新幹線」の問題が世界の他の国々でも存在するのかしないのか，次にそのことを述べる。

4．世界の事例—大ターミナル駅と高速新線

　まず，東京駅の比較例には西ヨーロッパの大ターミナル駅があげられる。パリの北駅，東駅，リヨン駅，モンパルナス駅，ローマのテルミニ駅などホームと線路がずらりと並ぶ。ロンドンの主要駅の線数はそれらに次ぐ。

　いずれも頭端式（上野駅の在来線長距離列車の方式）であり，都心部の境界線付近にとどまる。また東京駅の「山手」環状線のような路線は持たない。都市交通は地下鉄とバスである。

　ラッシュ時に通勤者の大群が階段をおりてくる光景は見物であり，事故がなければと危ぶむ。またパリやロンドンは方面別のターミナルであり，他のターミナルへ移動するのにも，その企業自体の連絡線がないので不便である。それは昔からの問題であり，ベルリンの中央駅（2006年開業，第Ⅵ章）はこの欠点を避けるように工夫した。すなわち，各方面の列車をその一駅に集め，かつ都市鉄道網との連絡をはかったのである。

　今日の時点で，パリ・ロンドン型とベルリン型とを比較すると，二つの類型の長短がよく理解できる。ただし，ベルリン型はベルリンの人口規模であってこそ可能となったのであり，パリ，ロンドンでは結果として困難であったと考えられる。

　次に新幹線に相当する「高速新線」はすべての国に重い財政負担と想像

できる。東海道新幹線並の輸送密度がない。ただし軌間（ゲージ）はスペイン以外は在来路線と同じであり，パリなどでは既存ターミナル駅などをそのまま利用できる利点がある（第Ⅲ，Ⅴ章）。

また列車の運行は在来線に乗り入れる方式であり，この面でも普及に有利である*。

今日ヨーロッパでは最高速度300km/hの区間が増加し，かつ運行は2都市を直結する方式も見られる（例，パリ－マルセイユ：750km**）。

日本とフランスなどとの違いは開業に至るまでの経過を見ればよくわかる。我が国では東海道新幹線の場合，まず輸送力不足対策としての線路増設が計画され，その際せっかく作るのであれば可能な最高の速度にしたいと250km/h運転が計画された（開業当初は210km/hに抑制）。

フランスの方は第二次世界大戦後の研究に基づき，やはり250km/hが目標とされた。1970年には「非常に高速」「新超速」という用語が示され，その説明ではパリ－リヨン間に新線を建設し2時間，それによってマルセイユへの連絡は4時間43分と示された（現在は3時間）。

「新超速鉄道」（"Les Très Grandes Vitesses Ferroviaires Sur Infrastructures Nouvelles"）が当初の表現であり，その頭文字をつなぐとTGV（非常に高速）になる。その折ガスタービン機関の利用も研究された（このころ航空では超音速機の技術開発が進んでいた）。その後今日の方式（電動車を列車の前後につける方式）となり，1981年パリ－リヨン間（南東線）に260km/hの列車が走った。列車は「高速列車」（"Train à Grande Vitesse", TGV）と呼ばれた（89年，300km/h）。フランスでは列車の高速運転が主要目的であり，ドイツ，イタリアでもそうであった。スイスでも輸送量の多い区間に高速新線が作られた。

＊スペインでは在来路線が広軌なので，マドリード－バルセロナは「軌間変換列車」を採用した。標準軌の高速線では最高速度250km/h，広軌在来線では220km/hである（「鉄道ジャーナル」，2006年11月）（第Ⅴ章第Ⅰ節第2項）。
＊＊ヨーロッパのキロ数は時刻表による。実際の運転キロと運賃計算キロと思われる場合があり，識別が困難なので，そのまま使用した。

おそらくヨーロッパでは高速度によって自動車・飛行機と競争しようと考えたのであろう。2007年6月開業のTGV東線では，320km/hが使用され，世界ではさらに380km/hへの研究が進められている。

　それではTGVなどの新技術が鉄道経営に利益をもたらしたかといえば，損益の数字は確認できない。西ヨーロッパでは，鉄道経営としてはスイス以外は赤字企業が多く，その中でもしTGVなどがなければ赤字額はもっと大きかったのかどうかが知りたい所である。

　ここでターミナル問題との関連を見ると，パリは前述のように方面別にターミナルが分かれており，それだけではTGVの南東線と北駅発の路線は列車の直通ができない。そこで二つの路線の間に南北の連絡線を作り，それをシャルル・ド・ゴール空港経由とし，航空との連絡をもよくした（イル・ド・フランス連絡線）。一石二鳥であった（第Ⅲ章第Ⅰ節第1項）。

　東京では東京駅において東海道新幹線と東北新幹線が接続するけれども，直通はしない。

　なお高速新線の空港経由はフランクフルト－ケルン間の路線にも見られる。フランクフルト空港駅に寄り，航空客はケルンへも短い時間で到達できる。ケルン・ボン空港にも駅が設けられた。

　このような事例から西ヨーロッパの鉄道政策に推測できるのは，巨額の公共資金を投入して鉄道を発展させ，全交通手段による体系を理想の水準に置くという意図である。ただしそれには，企業が経営改善意欲を失う危険を伴う。利用者と納税者の適切な分担という線引きが，政治の恣意に陥りやすいからである。21世紀の新たな危険といえよう。

　西ヨーロッパにおいてEUが上下分離（第Ⅰ章第Ⅱ節第1項）を経営に推進しているのも，この線引きに基準を与えようという試みであり，また鉄道利用を誘発しようとの意図からであろう。しかし鉄道経営は線路と輸送を一体管理してこそ好成績を収めうるのであり，多くの国で線路部門が国の管理のように見えるのは，もはや両者合わせての自立経営が不可能になったためとも理解できる。

　この経営困難は他の手段の普及により鉄道需要が伸びず，あるいは減少

したからである。この停滞減少の影響は人口低密度地域ほど深刻なことは世界共通であり，一つの国の内部でも地域差が大きい。重要なのは国全体の平均人口密度ではなく，国内に鉄道を必要とするだけの交通量の地域（「人口集中地域」，第1項）が存在するかどうかである。我が国ではそれが「東海道地域」であり，またその東西にある関東，関西圏であるのはいうまでもない＊（後述付表13）。

　我が国は平地が少ない反面，大都市が帯状に位置し，鉄道経営に有利である。フランスやドイツはそうではなく，全国に大都市が分散する。山が低く，平地が広がる地形だからである。ただし両国はそれぞれに事情が異なり，フランスではパリという大都市圏があり，全国の交通路線がここに集中する。ドイツではそのような大中心がない。鉄道経営の立場からはフランスの方が分散型のドイツより有利といえる（第Ⅴ章第Ⅱ節第2項）。

　世界の他の地域を見る場合にも以上の知識が役に立つ。広大な米国や中国であっても，そこが鉄道を必要とする人口集中地域を含むかどうか。また貨物輸送において大量輸送の需要があるかどうかで鉄道の存在理由が決まる。大国であっても，自動車と飛行機で運びうる状況では，鉄道の出番はない。米国において旅客鉄道が力を持たないのはそのような事情による。中国の将来についてもこの視点が重要である。

＊東海道新幹線は2005年度にJR旅客人キロの17.8％（新幹線6路線合計では31.7％），在来線の東京圏（総武線を含まない）が31.4％，大阪圏11.5％であり，これら三つの合計は60.7％，新幹線全体と2大都市圏では74.6％と全体の4分の3なのである。

しかも新幹線には定期旅客の利用を含み，新幹線合計ではその4.5％を占め，特に東北新幹線はその8.1％，上越新幹線は10.1％と高い。

なおTGVにも通勤者の例が伝えられている。パリの150km南のヴァンドームへパリから転居したという（パリへの通勤定期は月額480ユーロ＝7万4千円，朝日新聞，2007年1月10日）。

新幹線通勤定期（FREX）1ヵ月は東京－高崎（105.0km）98,890円，東京－那須塩原（157.8km）126,120円であり，毎月20日間利用として自由席利用（運賃＋料金）の1回限り乗車の，それぞれ57.6，60.2％に当たる。3ヵ月は54.7，57.1％。

5．高速化の収支，安全にも一言

　鉄道の高速化をどの程度にまで達成できるかは，自立採算の枠で行うのか，それとも財政資金を追加するのかで答が異なる。

　フランスの場合，財政からの投入を受けてもなお高速が望ましいという姿勢がうかがわれる。そうでなくても，今日の高速化追求の方向では自立採算への復帰は難しい。

　現在パリ－マルセイユ間は前述のように無停車で3時間，最高速度は300km/hである。それを380km/hにする場合は，おそらく同区間を2時間30分程度にできよう。かりにそうであるとして，それによってどれだけの効果があり，またそれに伴い経費がいくらふえるのか，その見比べが大切である＊。

　ドイツではリニアモーター使用によるトランスラピット方式は400km/h以上を目指すといわれる。フランスの目標380km/hは現在の方式のままドイツの数字に迫るものであろう。

　この種の努力は各国それぞれの判断によることで，他国や他企業がその是非をいうべきではない。我が国の旅客鉄道の立場では20世紀後半の国鉄経営の失敗，その最終期23年間のような赤字発生（図1参照）を阻止するのであれば，現在以上の高速化努力には収支の条件をよく見究める必要がある。

　我が国の場合，旅客輸送において鉄道が有効に活動できるのが，東京圏から京阪神圏までの範囲（東海道地域）であることは前項に述べた。そこにはフランスの1/10の面積にそれと同じ規模の人口が住む。新幹線が黒字なのも本来この範囲だけなのである。たしかにここにおいて東京－新大阪間2時間半を2時間にするのは集客には有効であろう。しかしその環境への影響，動力費の増加を同時に考えねばならない。

　高速化は他国によって影響されるべき段階ではない。我々は2時間の実

＊パリ－マルセイユ間（2001年6月　ヴァランス－マルセイユ間〈地中海線〉開通）はTGVの開業により「航空に対する鉄道のシェアは22％から65％に上がった」（「運輸と経済」2006年11月，p.24）。なお地名の表記はこのヴァランスのように，BとV，Wの表記を区別するのを原則とした。

現が我が国自体の計算で実行可能と判断できるまで待てばよい。研究は続けても，実行を急ぐべき理由はない（東海道・山陽のN700系電車については第Ⅲ章第Ⅰ節第1項参照）。

　20世紀を回顧すると，前半我が国の鉄道の最高速度は100km/hに達しなかった。それを後半には200km/hに引き上げ，この段階で世界の他の国と肩を並べ，ついに300km/hの能力を得た。しかし実際の営業はそれは一部の列車にとどまり，速度は各線区の条件（曲線，勾配の程度）によって決められている＊。

　21世紀においても重要なのはこの態度である。現在以上の高速にするには，国土に余裕があり，地形が平らなフランスなどと違って，山坂の多い我が国では費用が恐ろしく高く，若干の収入増加があっても，見合うはずはない（第Ⅴ章第Ⅰ節第3項参照）。この判断が重要なのである。優れた頭脳の人たちがこの難問を解決するまでは急ぐ必要はない。事情は山国のスイスも似ている。その高速新線は230km/hであった。

　今，私が指摘しておきたいのは他の国々が日本以上の高速を採用したとき，それを理由とした批判がおこることである。何かといえば無条件に外国を引用したがる風潮があるので，交通の中で特に鉄道は地域の条件を重視すべき事を強調しつづけねばならない。何よりも地形・地質と人口密度の分布に着目すべきことを説得していけばよい。本書においてはそれらの数字を特に重視した（例，付表1，13）。

　ここで安全について一言したい。安全は鉄道輸送の条件である。高速ほど安全への配慮が重要なのはいうまでもない。しかし事故は低速でもおこりうる。停車していても自然災害は時には避けられない。

　安全対策は完全が要請されるけれども，そこに人間の誤りが介入するのは阻止できない。理由は二つあって，第1はすべての施設や機器が人力によって供給され，管理されること。第2は安全のための方式（システム）を起動するときの人間の誤りはそのシステム自体では防げないことである。

＊東海道270km/h，山陽300，東北・上越275，北陸260，九州260。

自然災害の可能性と人の誤りの可能性は，その確率を低下できても，ゼロにはできない。この事実は21世紀において引き続き周知させていく必要がある。むしろ方式が複雑になるための危険が増す。これらのことを忘れてはならない。

6．21世紀への処方箋

　鉄道輸送は，利用者か利用者以外（納税者等）がその経費を負担しなければ存続できない。20世紀後半，我が国も西ヨーロッパも米国も，この自明の法則を守ることに一時失敗した。

　我が国は日本国有鉄道（「国鉄」）についての失敗をJR体制への移行により解決した。その際納税者には巨額の負担を残した。西ヨーロッパの多くの国は上下分離方式を採用したものの，なお苦悩をつづける。スイスだけは在来方式のまま黒字に復帰できた。米国は経営の自主自立に徹底し，解決した。

　本書はこれらの経過と将来対策を述べる。要は利用者と納税者の負担可能な枠内に輸送と投資を抑制することであり，それに尽きる。

　今後の鉄道政策としては自立経営できるだけの輸送密度の路線において企業に自主性を与え，それ以下の密度の路線に対し納税者からの支出を加える。鉄道の存続はこれら二つしかない（第Ⅹ章第Ⅱ節第3項）。世界のベストスリーはそのことを教える。

　したがって21世紀への処方箋は次のようになる。

(1)　利用効率の悪い路線の撤去
(2)　高速新線計画の再検討，目下計画段階の路線は中止。工事中の路線も原則中止。
(3)　利用者収入と財政支援の合計額の枠内に支出がおさまる範囲の営業。

　これら(1)，(2)，(3)を数年ごとに検証し，負債を残さぬように運営すべきである。

　<u>我が国は世界の中で諸条件が他とは極端に異なる。他国の高速化などとの競争意識は戒め，自国の経費負担能力の限度内に支出を抑えることが肝要である。</u>

〔各国の状況〕

第Ⅰ章　西ヨーロッパ16国

「世界の鉄道」が取り上げる136国*の中で，西欧16国を第Ⅰ章に，七つの超大国を第Ⅱ章に紹介する。前者は我が国と事情が似ており，それらを(1)日本全体と比較（4国），(2)九州と比較（3国），(3)北海道と比較（4国），(4)その他（5国）に分けて述べる。明確に自立経営を持続しているのはスイス連邦鉄道だけである。

Ⅰ　各国の特色―人員・トン数と輸送距離

1．地形と人口分布への対応

136国の中で我が国と常に比較されるのは西ヨーロッパ16国であり，地形と人口分布が似ているからである。まずそれらの国々を取り上げたい。

JRは一つのJRとして共通性を持つと同時に各社はそれぞれの特殊性を示す。TGV**のフランス，ICE**のドイツ，ETR**のイタリアなど16国もまた相互に列車を乗り入れさせ（第5項），多くの国がEUの中で共通の制度下にありながら，仏独相互にも事情が異なる。

16国の首都の位置は図13のとおりで，パリ－ロンドン，パリ－アムステルダムは東京－大阪，パリ－ローマは東京－鹿児島の距離に似る。この尺

---

*内訳はアジア28，オセアニア3，ロシアとCIS 12，ヨーロッパ（西）16，同（東）16，アフリカ37，北アメリカ12，南アメリカ12，合計136（角本推定）。なおこのうちラオスは計画中。

**TGV = Train á Grande Vitesse，フランスの高速列車，1981年登場。ICE = Inter City Express，ドイツの高速列車，1991年登場。ETR = イタリアの高速列車（多くは振子式），1988年登場。フィンランドだけは旅客列車の国外との運行はない。

図13　西ヨーロッパ16国の首都

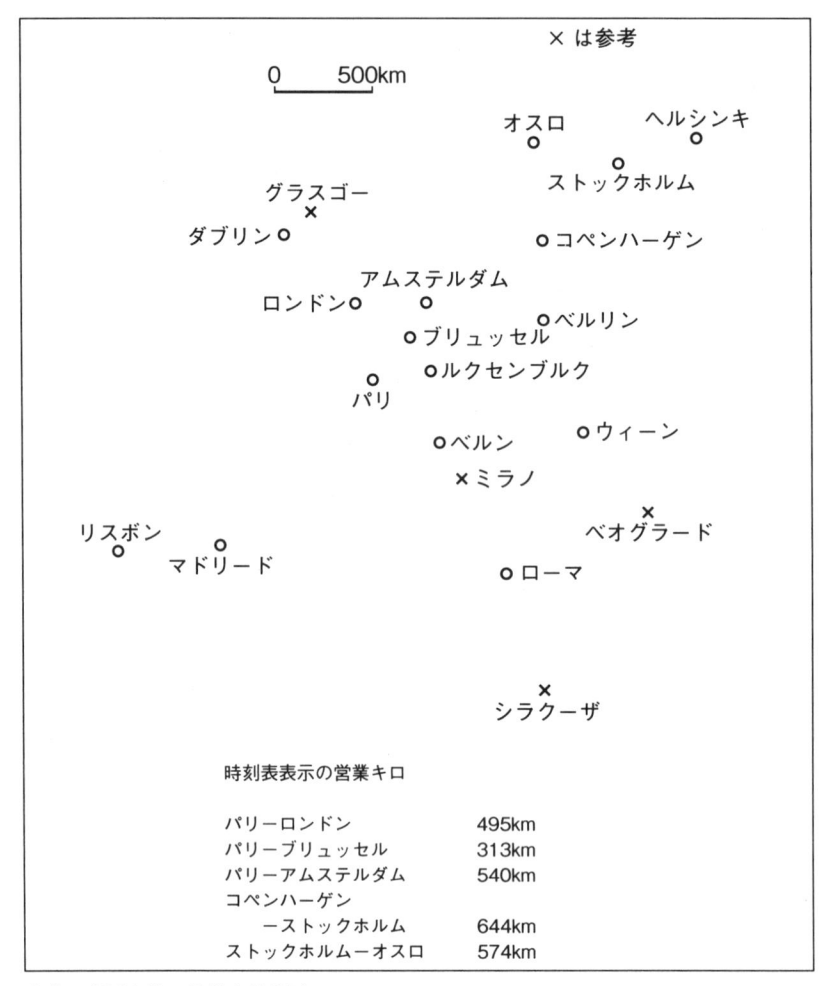

```
                                          ×は参考
            0     500km
                              オスロ        ヘルシンキ
                               ○            ○
                      グラスゴー   ストックホルム
                         ×          ○
                ダブリン○         コペンハーゲン
                              アムステルダム     ○
                      ロンドン○  ○
                             ブリュッセル  ベルリン
                                ○       ○
                              ○ ルクセンブルク
                           パリ
                                ○ベルン   ○ウィーン
                                   ×ミラノ
            リスボン                          ×
              ○                         ベオグラード
               マドリード      ○ローマ

                              ×
                            シラクーザ

            時刻表表示の営業キロ

            パリーロンドン           495km
            パリーブリュッセル        313km
            パリーアムステルダム      540km
            コペンハーゲン
              －ストックホルム       644km
            ストックホルム－オスロ    574km
```

出典：帝国書院，新詳高等地図

度で16国を見渡すと，範囲はそれほど広くはない。ただしそうはいっても，自動車，飛行機の普及があり，鉄道利用は限定されてきた。

　かつて20世紀初め寺田寅彦はミラノからベルリンへ丸1日かけて旅行した。その路線は図14のとおりで，今も変わらない。ただし現在は12時間の行程である（第Ⅴ章第Ⅰ節第1項，第Ⅱ節第2項）。

図14　寺田寅彦の行程　ミラノ―ベルリン（1909年）

```
                    ○ハノーファー    ○ベルリン
                                     5月6日7時35分着


    ○ケルン
                        ○ワイマール   ○ドレスデン
  フランクフルト




                           ○ミュンヘン

  バーゼル
       ○                        （注）2006年の時刻表では営
         ○チューリヒ                    業キロ1,253km。東京
          ○サンゴタルド                  ―大牟田ほどの距離。


           ○ミラノ
            5月5日7時20分発
```

　この西ヨーロッパにおいて国民はどのように鉄道を利用しているか。旅客輸送ではスイスは人口1人当たりの人キロが我が国を上回り，他の15国ではフランス，デンマークが大きい（付表1，6，7）。

　「人キロ」は乗車人員（正確には「輸送人員」）とその乗車距離との積であり，各国それぞれに特色がある。大都市あるいは人口高密度地域では乗車回数は当然多い。スイスや日本がそうである。

　乗車距離平均はイタリア，フランスが長い。それらの関係をいくつかの国について見ると図15，付表4のとおりである。フランスとドイツでも事情が異なる。

図15　国民の鉄道利用（1人当たり人キロの構成）

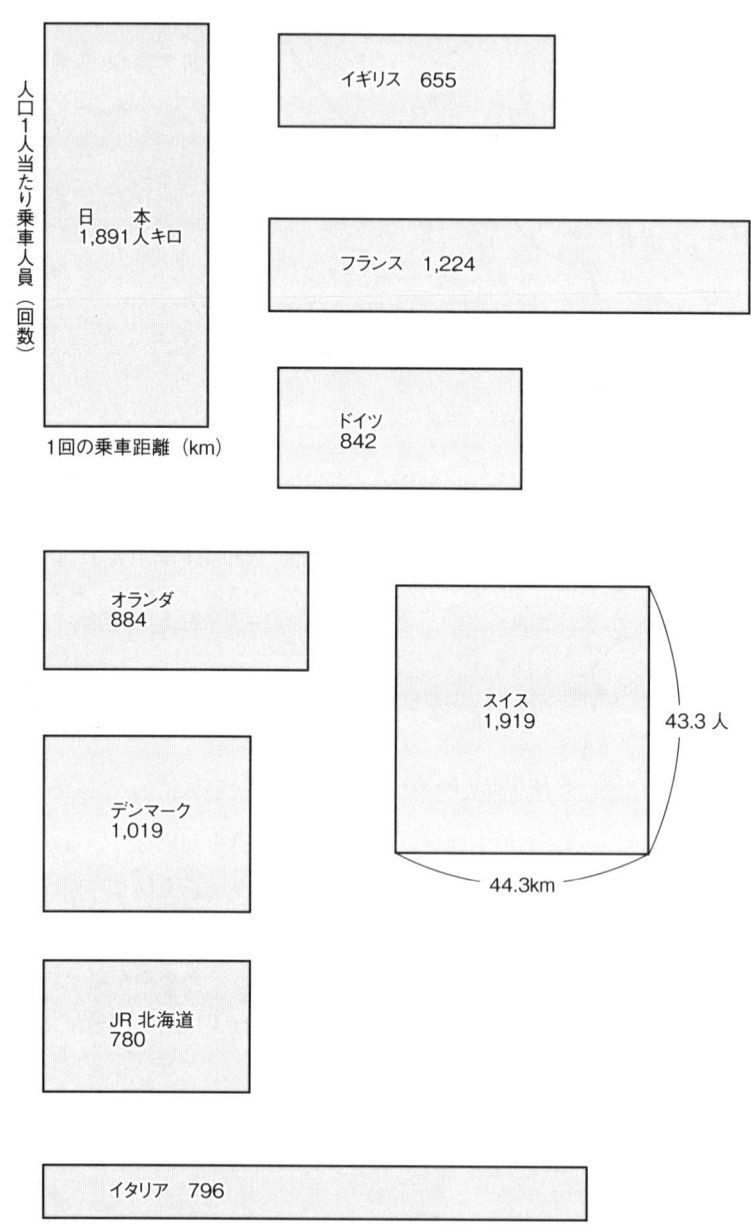

人口1人当たり乗車人員（回数）

日　本
1,891人キロ

1回の乗車距離（km）

イギリス　655

フランス　1,224

ドイツ
842

オランダ
884

スイス
1,919

43.3人

44.3km

デンマーク
1,019

JR北海道
780

イタリア　796

（注）数字は付表4を参照。

各国それぞれに自動車・飛行機の進出により，鉄道の分担率は低下した。日，英，独，仏，米では図5A，Bのように変化した。図15が示す乗車人員と乗車距離はこの変化の後に実現した姿である。

　近距離では自動車，遠距離では飛行機により鉄道の客貨が失われた。しかしこの半世紀間にそれが続いた後になお鉄道を利用するのは，今後も利用回数と距離を変化させない需要といえよう。したがって図15の各国の姿は21世紀を通じてその特色として続くと考えられる。我々は鉄道についてこの意味では安定段階に入った。ただし人口減少や他手段進出による減少は今後も避けられない。

　以上のことは，日本全国と北海道の場合，人口1人当たりの利用回数は東京や北海道を含む日本全体の方が多く，利用距離は逆に北海道の方が少し長い。

　このような目で見ると，人口1人当たり回数では日本に次いでスイスが高く，デンマークが第3になる。ドイツ，オランダは北海道に継ぐ。アウトバーン普及のドイツがイギリス，フランスより少しではあっても，高い。ただし実態は常に確かめる必要がある。

　乗車距離は「日本」が短く，おそらく東京圏などの影響であろう。意外なのはオランダ，スイスがドイツより長く，また図の8国ではイタリアが長い。次のフランスは国土の広さとTGV網の普及（高速新線だけでなく，在来線にも運行）によると想像される。フランスは全人キロにおいてTGV利用が半ばを超える（第V章第I節第3項）。

　次に国民のこの利用が鉄道側から見るとどのような比較になるだろうか。人口高密度で，したがって人口当たりの営業キロ延長が短い国ほど，営業キロ当たりの乗車人員は大きいはずである。図16において日本やオランダはそういえる。このオランダにスイスが似ているのは，スイスの乗車人員が人口当たりで特に大きいからである。

図16　鉄道旅客輸送密度（営業キロ当たり人キロ）

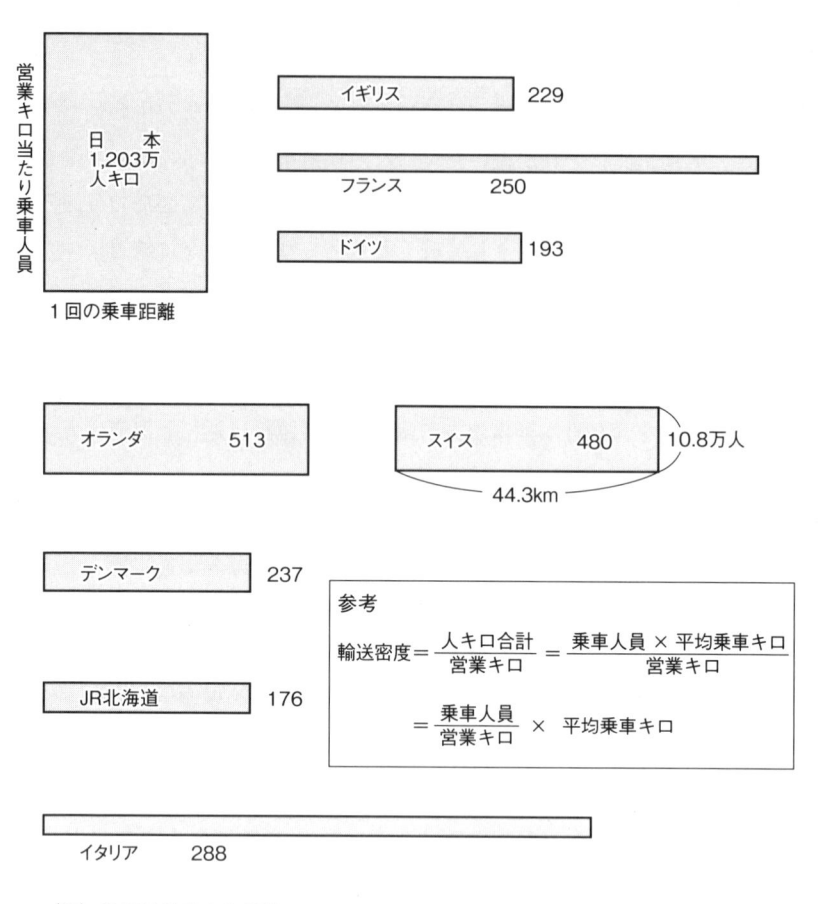

営業キロ当たり乗車人員

日　本
1,203万人キロ

1回の乗車距離

イギリス　229

フランス　250

ドイツ　193

オランダ　513

スイス　480　10.8万人
44.3km

デンマーク　237

参考
輸送密度 = $\frac{人キロ合計}{営業キロ}$ = $\frac{乗車人員 \times 平均乗車キロ}{営業キロ}$

= $\frac{乗車人員}{営業キロ}$ × 平均乗車キロ

JR北海道　176

イタリア　288

（注）数字は付表4を参照。

　図を見るとフランスは日本とは極端に異なることがわかる。我が国の特色としてはこの乗車人員がスイスよりはるかに大きく，乗車距離はスイスの方が長い。なお営業キロ当たりの人キロ（輸送密度）ではイタリアがフランスより大きいことが注目される。イタリアでは1回の乗車距離が著しく長い。
　この実態からいえるのは，国際比較の際に抽象論や一般論は意味が小さく，数字の背後の諸条件に着目すべきことである。わかりやすい例では平地の鉄道と山地の鉄道を並べて，速度の大小をいうくらい愚かなことはな

い。とかく国際比較は「速度マニア」の議論になりやすい。

鉄道経営の評価には①速度　②正確　③快適　④便利　⑤安全　⑥低廉などの基準がいわれる。

本書では特にa．その国土条件の下で可能な最高の速度で運営しているかどうか。b．費用負担の制度が遵守され，利用者または納税者の債務を累積していないかどうか，輸送と経営の両面に着目する。もちろん事故の多発では選に入らない。

速度の大小については，その絶対値ではなく，所与の条件に対し最適の速度を使用し，輸送の業績をあげているかどうかが評価される。その速度がどのような自然環境においてなされているかが重要なのである。アルプスの南側のイタリアが振子式電車の技術を高度に開発したのはその一つにあげられる（「ペンドリーノ」*，当初の最高速度250km/h）。それは平地の広いフランスやドイツにはありえないことであった。

アルプスの北側ではスイスは，曲線・勾配のきびしい区間に車体傾斜式電車ICNを使用し，山地の路線網を活性化した。なおスイスの高速新線区間は最高速度が230km/hであり，平地の国との違いがそこに示されている**。スイスが評価されるのはこれらの努力もあって収支均衡を回復したことである。

なお念のため，最高速度が示されていても，それは特にそれに適した区間にだけ使用される速度であり，駅間の平均時速がそれに対応するとは限らない。スイスなど曲線と山坂の多い路線では最高速度の高い車両を使用しても性能を有効には発揮できない。我が国の新幹線でも路線により車両の性能が異なる。

2　輸送と収支—英・仏・独・伊

国土面積と人口規模から見て輸送と収支を日本と比較できるのは英仏独伊の4国である（付表1，6，7）。

＊イタリア語「pèndolo」は「（時計などの）振子」を意味する。
＊＊この区間をTGV，ICEも走行する。速度は線形を自然条件の下でどの程度にするかの判断にかかり，経費への配慮が大切である。

4国のうちフランスとドイツが客貨輸送量も収入も大きい。人キロでは仏，トンキロでは独が1位である。

　仏独は「内陸国」型，英伊は「島国型」であり，しかも前二者は面積も人口も大きい。仏独2国では，面積の狭いドイツに人口が多く，しかもフランスの人キロが上回る。その理由は国土が広く，かつ人口及び政治経済活動においてパリの比重が高いためと考えられる。前述のように旅客1人当たりの乗車距離が長い（図15）。

　旅客列車の高速化ではフランスがまずTGVを開通させ，独伊は遅れた（第Ⅴ章第Ⅰ節第2項）。イギリスはそれらよりさらに後である（ロンドン－ユーロトンネル間は2003年に300km/h運転）。それにはフランスがヨーロッパに対し中心であるとの意識が関連しよう。しかし，TGVが現在よりさらに広域に広がったとしても，飛行機に勝つのはむずかしい。

　国際列車における所要時間の一例は次のとおりであり（2006年夏），鉄道が活用される広がりとしては，2時間半か，せいぜい3時間であろう。フランス国内では前述のパリ－マルセイユ（時刻表の営業キロ750km）が直通で3時間である。

　　　パリ－ロンドン　　　　　　2°36′
　　　パリ－アムステルダム　　　4°11′
　　　パリ－ケルン　　　　　　　3°50′
　　　パリ－ジュネーヴ　　　　　3°22′
　　　パリ－ミラノ　　　　　　　6°43′

　4国の営業収支は付表8のとおりであり，ここではドイツはなお「上下計」では若干の赤字だけれども，2004年度は黒字に到達し，2005年度もそうであった。フランスは「上の企業」の計算では黒字である。イギリス，イタリアはそれに対しても赤字を示す。我が国においてJR本州3社が完全に民営化を達成したのとは，政策の上で違いがあると考えられ，図16で見た旅客輸送密度からはやむをえないともいえよう。

　ドイツの収支には貨物輸送密度（付表1の営業キロ当たりトンキロ）が大きいことが貢献していよう。

なお4国は都市鉄道については自立経営を完全にあきらめている（第Ⅶ章第1節）。あるいはその政治は都市間鉄道の客貨輸送にも同様に対応しているのかもしれない。政治がそう望んでいなくても，実態はこの方向に見える。

「世界の鉄道」を読みながら，西ヨーロッパ諸国の場合，現在の政策よりは，なお理想の制度を模索している苦闘の中に教訓がある。そう考えるのが私の判断であり，以下の記述でもそのような経過を述べる。

3．スイスとオランダ・ベルギー・九州

西ヨーロッパの鉄道といえばすべて，「上下分離」制を採り，しかも経営は赤字と思われやすい。しかしそうでない国がある。それは前述のスイスである（序章第Ⅱ節第2項）。

スイスはオランダ，ベルギーと面積が似ていても，同じ西ヨーロッパの中で3国相互に違いがある。なお3国は我が国の九州とも比較できる規模である（付表5）。

面積ではベルギーだけが少し狭い。人口はオランダ，九州，ベルギーの順で，スイスは少ない。オランダは日本よりも高密度居住とされる。

国全体の人口密度としてはオランダは高密度，ベルギーがそれに次ぎ，スイスはオランダの半分以下である。旅客鉄道の利用では，特に居住可能な地域における人口分布が重要なのであり，オランダの場合国土の1/3が海面以下の低地（最低点－6m）で，人口はそれ以外の地域に多い（アムステルダムは例外で－3m余り）。

スイスの場合は，4千m級の山々がそびえるアルプス山脈等に囲まれた中で，かつて氷河が下方に造った帯状の谷間（「U字谷」）の地域に集中して住む。チューリヒ（標高556m），ベルン（540m），ローザンヌ（447m），ジュネーヴ（375m），バーゼル（260m）と並び*，鉄道はそれらを連絡

＊松本市は気象観測点の高さが610mであり，チューリヒはそれに近い。スイスの山地は，我が国と異なり，「氷食によって底が広くなった谷が多いから鉄道工事は比較的容易である」（参考文献8，p.421）。日本のような狭くて曲がりくねった谷は少ない。

する。オランダもスイスも「可住地」における人口密度は著しく高く，表1において鉄道利用の数値（人口1人当たり人キロ）がベルギーより大きい。4国の比較においてまずこの特色を指摘しておきたい。

次に鉄道営業キロは，かつて各国の「国鉄」であった組織（スイスは現在も連邦鉄道）の数字であり，スイスと九州にはこれら以外の路線がある*。また各国とも都市鉄道を含まない。営業キロではベルギー，スイス，オランダの順で，九州は短い。

旅客人キロではオランダとスイスが特に大きく，ほぼ同量。貨物はスイスが大きく，ベルギーがそれに次ぎ，意外にもオランダは非常に小さい。これらについて見落としてならないのはスイスが特に隣国間の通過国の役割を持つことである。アルプス越えのトラック貨物を鉄道で運ぶ努力がなされてきた。ベルギーも通過国の役割をもつ。　以上の輸送による収入は，正確な比較はできない中で，九州の旅客収入はオランダに比べて著しく小さい。単純な割り算では1人キロ当たり九州が19円，オランダが26.5円である。客貨合計で見ると，ベルギーよりスイスの単価が安いように思われる。しかしこれらは各国の諸条件が違うので，推測は危険である。

すでに付表8で見たように，スイスは上下分離はせず，しかも収支は最近黒字を続ける。スイスはなぜこの好成績なのだろうか。なお線路はEUのオープンアクセス政策と同様に第三者に開放し，全列車キロの約3％がスイス連邦鉄道以外による（「世界の鉄道」p.196）。

これまで私はオランダ，ベルギーやスイスの鉄道に乗るたびに，いずれも我が国の大手民鉄と同様に，各路線の接続ダイヤに工夫し，定時運行を守り，優れた輸送を行なっていると感じてきた。それらの中ではオランダが特に有利であり，スイスはその地形のゆえに不利と考えた。しかしスイスは1992年から97年まで赤字だったのを99年には黒字に転換していたのである。

1993年2月，経営状況の悪化に対し，諮問機関から「ビジネスと政治の分離」が力説されていた（朝日新聞，1993年2月24日）。

---

*JR九州と西日本鉄道の合計は2003年度に2,237.7km，97.73億人キロであり，1営業キロ当たり人キロは437万人と，スイスに近い。

> 　地形の制約が厳しいスイス鉄道の列車は，ドイツやフランス，イタリアほど高速ではないが，等時隔運転と主要駅の接続改善を目指して健闘している。1987年，国民投票によって承認されたBahn2000というプロジェクトは，54億CHFを投じて短絡線建設，曲線改良，新型車両導入などにより，主要幹線の特急列車を30分おきに運転し，……。予算はその後増加して74億CHFとなったが，その半分以上はガソリンとトラックの増税によって調達する。

（角本注）　54億CHF：5,076億円。以下本書に使用したレートは2006年秋時点である。

　チューリヒ－ベルン間では途中前述の45kmの「高速新線」（最高速度230km/h）が開通し，所要時間が72分から58分に短縮された（チューリヒ－ジュネーヴ間では1989年2時間55分であったのが2006年は2時間43分，一例）。

　これらの経過を見ると，鉄道事業が自立経営のようである場合にも，公共資金の投入があったことがわかる。

　それではなぜスイスだけが突出して成績がよいのだろうか。人口が少ないのになぜそうなのであろうか。今私は次のように考える。

　鉄道経営はすべて客貨の輸送密度に依存する。スイスは上述の数字では客貨合計で見て断然有利であり，それには利用者への誘致と輸送内容の改善の苦心があった。

　また人口・産業の分布と他交通手段利用の可能性が関連する。

　スイスは前述のとおり山岳国であり，湖水の面積も広く，都市はその間の細長い平地に分布する。東西にチューリヒ－ベルン－ローザンヌ－ジュネーヴの4都市が並び，北に少し離れてバーゼルがある。国土面積は4万km^{2}余りでも，可住の地域は狭く，人口の絶対値が小さい中で，都市間の交通量は鉄道利用に好都合なように分布する。

　次に営業キロの長短を見ると，国土の狭いベルギーが長く，オランダが短いのは，オランダは前述の低地の存在による。ベルギーには鉄道の分布

を妨げる低地はなく，山地も狭く，路線が広がる。営業キロ当たりの人キロは逆にオランダ，スイスの順となり，九州がそれに次ぎ，ベルギーは小さい。

　貨物輸送についてはスイスは大気汚染防止のため，道路交通を鉄道に回す政策を進めてきた。この対策の必要性はオーストリアでも同じだったけれども，事情はスイスの方が深刻であった。自動車関係税収入を鉄道投資に用いた。

　それでは我が九州はどうかといえば，スイスの1.8倍の人口の多くが，スイス（人口は内部に分布）とは逆に，中央の山地を取り囲む周囲の海岸平野に住み（人口は外周に分布），自動車交通に適した配置である。南北両端都市の距離は航空を可能とするほどに離れる。ただしチューリヒ－ジュネーヴ間もそうである。全体としてスイスの主要都市配置は九州より一回り狭い。

　航空は福岡－鹿児島間には6往復，福岡－宮崎間には7往復である。鉄道営業キロは，時刻表では前者が288.9km（うち新幹線区間137.6km），後者は小倉－宮崎間が339.9kmである。時間は前者が2時間12分（最短），後者は4時間52分。

　スイスではチューリヒ－ジュネーヴ間279kmが2時間43分である。鉄道のこの条件に対し航空は成り立ち，9便が往復する。

　スイス国鉄は両空港に鉄道駅を設けており，チューリヒでは空港－中央駅間10分，ジュネーヴでは6分である。鉄道と航空は一面では協力し，他面では競争しているといえよう。

　次にベネルックス3国間について見ると，アムステルダム－ブリュッセル間は227km，2時間39分，ブリュッセル－ルクセンブルク間が234km，2時間38分の距離である。

　自動車交通関係の資料が得られないけれども，九州とベルギーは他の2国に比べ，その利用がより容易であると考えられる。

　以上の要約として輸送密度を見ると，付表5の数字では，1営業キロ当たりの旅客人キロはオランダ，スイスが似ていて，ベルギーが低く，逆に

貨物ではスイス，ベルギー，オランダの順なのである。客貨を合わせると，やはりスイスが経営に有利といえる。ベルギーは前述の仏・独・伊と似た水準である。

我が国への参考としてはオランダ，スイスの旅客輸送密度が九州より高いことである。両国の高さは付表1の英仏独伊に対しても際立っている。ただしこれら4国も人口高密度地域だけを取ればやはり有利な数字となろう。

以上に述べたスイスの特色は我が国の長野県と比較するといっそうよく理解できる。

長野県の面積は12,598km^2，人口は221.5万人，JRの営業キロは660.6km（他に民鉄154.8km）であり，これらを3倍すれば，スイスの41千km^2，740万人，2,959kmに近い。ただし鉄道の長さはほぼ2/3にとどまる。

長野県のJR乗車人員は4,565.4万人（2002年度）であり，3倍すれば1億3,695万人で，スイスの3億2,030万人の43%弱である。

スイスなどとの比較では我が国の都市面積が著しく大きいこと，すなわち同じ人口規模でも自動車を使いやすいことへの注意が必要である。人口は長野市が38万でチューリヒと似ていても，面積は738km^{2}と東京23区よりも広い（チューリヒは92km^2，36.5万人）。チューリヒの高密度居住がこれらの数字からわかる。

スイスの鉄道乗車人員が多く，長野県が少ない理由はここにある。

全体として人口はスイスの方が大きく，鉄道も長く，乗車人員も多い。さらにスイスの鉄道経営を有利にしているのが貨物の存在であるのは前述のとおりであり，長野ではJR貨物の輸送量は非常に小さい。

スイスは路線が長いだけでなく，列車の走行速度が高い。次はその比較であり，特別料金のない列車の一例である。

　　長野－松本　62.7km　1時間3分
　　ジュネーヴ－ローザンヌ　60km　35分
（参考）アムステルダム－ハーグ　60km　42分（発時刻－発時刻）
おそらくスイスの走行時間は乗用車所有者にも魅力であろう。

ここで人々の鉄道利用と乗用車利用の関係に一言しておきたい。鉄道利用が他地域より多いといっても，乗用車利用が著しく低いとは限らない。交通手段分担率が鉄道20％，乗用車80％の地域と鉄道10％，乗用車90％の地域があるとして，前者は鉄道を2倍使っているといわれれば，その乗用車使用がいかにも小さいと思われやすい。しかし後者の9割近くを使用しているのであり，差は小さい。スイスも日本もそのような国なのである。

　スイスの乗用車の事情は以下のとおりである。人口千人当たり乗用車台数は「世界の道路統計2004」（日本道路協会）によれば510.7台（自動車合計では552.9台）であり[*]，「地域交通年報」では2002年度に長野は549.1台（同826.2台）であった〔東京は260.8台（同385.3台）であり，全国は427.8台（同606.9台）〕。

　「世界の道路統計2004」はスイスの旅客人キロ（概算値，単位百万キロ）をバス（道路公共輸送）4,636，乗用車（道路私的輸送）89,986，鉄道15,400と示している。

　これらの合計（110,022百万人キロ）を100.0として鉄道は14.0％，乗用車は81.8％なのである。オランダはバス29,861，乗用車164,039，鉄道14,879であり，合計208,779に対し鉄道は7.1％であった。鉄道利用の絶対値は似ていても，オランダはスイスの2倍以上の人口による。

　以上のオランダ，スイスの経営成績をフランスと比較すると，図11，12，付表1で見たとおり，輸送密度は，オランダが人キロにおいてフランスよりはるかに大きく，トンキロでは小さい。スイスは客貨ともフランスより高い。英独に対してもそうである。なおオランダは貨物ではドイツより低い。この輸送状況が経営に反映していたわけである。

　ここで収支の関係を1960年代，すなわち我が国も西ヨーロッパも鉄道経営の苦悩が定着したころにさかのぼってみると，英独仏の収入不足はすでに深刻であった。これに対しオランダはたしかに収入不足ではあっても，

---

[*] 同統計ではフランス494.6（596.4），ドイツ545.5（577.8），イギリス439.2（493.7），イタリア541.7（605.9），オランダ383.9（428.0）であった。

比率としては小さく，スイスは赤字の年は少なかったのである（序章第Ⅱ節第1項）。すでにこのころに今日の姿（付表8）になる可能性が予告されていた。したがって1990年代に赤字に陥ったのはスイス国民には大きな衝撃であったと考えられる。

これら2国を英独仏と対比すると，前者は我が国のたとえでは大手民鉄に似ていたといえよう。もちろんそれには各国国民の国鉄に対する態度があった。1902年スイス連邦鉄道の発足の折りには著しく不利な路線は買収しなかった。またオランダは周知のとおり経済重視の伝統を持ち，国鉄の収支均衡への努力には国民に理解があった。過去半世紀を回顧して明白なのはすべての鉄道経営の基本は輸送密度であること，またそれに着目して施策を立てるのに国民の気質気風が大切なことである。

以上の説明には「欧米諸国の鉄道と交通政策」（日本国有鉄道外務部編，1968年9月）（参考文献8）を参照した。

4．北欧4国と北海道

北欧4国の中でデンマークは位置，面積，人口から見て北海道と比較しながら理解できる。またデンマークはデザイン戦略で有名であり，JR北海道と交流がある。

面積は北海道の半分でも，ほぼ同数の人口が住み，鉄道の営業キロは似ている。したがって路線網は北海道より高密度であり，コペンハーゲンを基点に列車網が形成されている。旅客人キロと輸送密度は北海道より大きい（付表6）。ただし人口分布は北海道は札幌都市圏への集中が著しく，ここでは鉄道利用も多い。四国にはそのように恵まれた地域はない。北海道は低密度利用区間をバスに転換すれば，鉄道経営としては自立できる。

デンマークの鉄道は，他地域との関連では西の方は，ユトランド半島を経由し，ドイツとつながる。列車を乗り継げば，朝6時30分コペンハーゲンを出て，昼12時14分にはハンブルクに着く。

ただしコペンハーゲンからハンブルクへは途中の客車航送を含むリューベク経由が利用される（4時間25分，平田一秀氏の指摘による）。なおデ

ンマーク国内からはドイツ国内・プラハまでの客車の直通もある。

　東の方へは列車がコペンハーゲンからストックホルムに直通する（5時間4分）。デンマークは隣国との交通に海峡を越える苦心をつづけてきた（第Ⅴ章第Ⅰ節第2項）。

　次にその他の3国は面積はデンマークより1桁広い。人口はデンマークと似るか，若干大きい程度である。営業キロは国土の広さに対応しており，特にスウェーデンがそうである。輸送量は客貨ともスウェーデンが大きい。ただしそうはいっても，旅客人キロはデンマークより若干多いだけであり，輸送密度はデンマークに比べ著しく小さい。

　貨物トンキロではフィンランドはスウェーデンに次いで大きく，輸送密度では他の3国よりはるかに高い。

5．ルクセンブルクとオーストリア・アイルランド・ポルトガル・スペイン

　西ヨーロッパの諸国は何らかのつながりで我々になじみがある。おそらくその中で一番縁遠いのがルクセンブルクであろう。しかし地図を開けば西ヨーロッパの中央に位置し，パリからTGV列車が直通する。マルクス生誕のトリアーはすぐその東のドイツ側にある。

　西ヨーロッパ16国の中では，面積が神奈川県より少し広い程度の国が交通において重要な位置を占め，注目される。数字は付表7のとおりであり，鉄道はフランス，ベルギー，ドイツから5路線が集中する。古来，製鉄業で知られてきた国であり，鉄道の貨物輸送密度は高い。

　次に西ヨーロッパの東の方にはオーストリアが位置する。かつてここから東方に大帝国が存在したし，現在の鉄道路線網はその名残をとどめる。ウィーンはドナウ川の流域が南東にバルカン方向に開ける位置にある。またドナウをさかのぼればミュンヘンに到達する。

　そのミュンヘンからイタリアへ向かえばオーストリア西部のインスブルックを通り，ヴェローナにつながる。オーストリアはヨーロッパ内陸のこのような立地によってその勢力を築いた。したがって鉄道路線網が発達している。アルプスを越える南北間の通過貨物を運ぶので貨物輸送密度は

高い。数字は付表5のスイスに似る。

次に西ヨーロッパの西の方にあるアイルランド，南の方のポルトガル，スペインは，経緯に違いがあるとはいえ，標準ゲージより広い線路（広軌）が存在する。アイルランドに1,600mmへの統一がなされたのは1857年の昔であったという（『世界の鉄道』，p.167）。

アイルランドは人口規模から見て鉄道の利用に限界のあるのはやむをえない。

ポルトガルはアイルランドより広く，人口も多い。リスボン市を中心とした人口分布に対応した路線網が形成されていくと考えられる。しかしその費用負担に耐えられるか。これがEU全体の問題であり，特にヨーロッパの外周においてはそうである。このような地域の高速新線追加はきわめてむずかしい。

スペインは以上4国に対して面積は大きい。16国中ではフランスに次ぐ。フランスとの将来の列車直通も予定して高速新線（AVE）を開通させてきた。しかし鉄道全体として客貨とも輸送密度が高くない。すでに付表8で見た各国別の収支では，数字だけを見ると，アイルランド，ポルトガル，スペインの経営困難が想像できる。オーストリアも楽観はできない。

16国の事情は以上のとおりであり，EUがその全域の鉄道能力を高める計画をもったとしても，これらの数字では達成は疑わしい。計画だけを見て実現を期待してはならない。

Ⅱ　経営責任の分割

1．「上下分離」制の採用

今日，西ヨーロッパの鉄道経営に注目されるのは「上下分離」制（序章第Ⅰ節第2項）の可否である。

かつてオリエント急行（第Ⅳ章第Ⅰ節第2項）やTEE（第Ⅴ章第Ⅱ節第1項）などの国際列車が走り，他国の車両が自国の路線を通過していくのを見て来たヨーロッパにおいて「上下分離」の発想が生まれたのはふし

ぎではない*。しかし輸送の主力部分をそうするのは，線路と輸送を一体で運営する長所を鉄道から失わせる。ことに列車本数の多い区間ではそのおそれが大きい。我が国ではまず思いもよらぬ転換であったし，それが伝わったのは国鉄改革が発足したころであり，その改革の議論においてはこのような方策の検討はなかった。

　我が国では，例外として貨物輸送の旅客会社線路の使用，青函トンネル，整備新幹線がこの上下分離の方式である。

　西ヨーロッパの上下分離は，今日他の交通手段がそのような方式であるとの前提に立っていると思われる。また上下分離した場合において，最終の利用者が経費全額を負担し，上下どちらの企業も自立経営という発想もありえた。イギリスの当初はそのような成果をめざした。上下分離だからといって，自立採算の放棄とは限らなかった**。

　それでは各手段の利用がどのように変化していたかと見ると，前述付表2のとおり，すでに1970年には道路が陸運の主体になっていたのである。

　さらに，なお比重は小さかったとはいえ，航空が存在した。その数字が西ドイツで大きいのは，ドイツの都市配置とベルリンの特殊事情を示していた（第Ⅴ章第Ⅱ節第2項参照）。英，仏では全国中心都市が断然大きく，航空利用は小さくてすむ。

＊今日，例えばスイスのように通過旅客，あるいは隣国との旅客の多い国では，次のように高速列車の乗り入れがある。
　　Genève, Lausanne（ローザンヌ），Bern（ベルン），Zürichの各都市にフランスの高速列車TGVが，Bern, Zürichにドイツの高速列車ICEが乗り入れおり，ドイツ・ベルギー・イタリア3国合弁のチザルピーノ社がイタリア製振子電車ETR470を使って，ミラノとスイス及び南ドイツの諸都市を結ぶ高速列車を運行している。（「世界の鉄道」p.196）
　　フランスとはパリ，ドイツとはフランクフルト，シュツットガルト，ミュンヘン，ベルギーとはブリュッセルとの間に列車が動いている。
＊＊上下分離には三つの形態がある。①同一事業体の中で会計だけを輸送とインフラ管理に分離（アイルランドなど），②同一グループ内の別企業とする分離（ドイツなど），③全く別の事業体への分離（イギリスなど）（「運輸と経済」2006年11月, p.15）。本書では②，③を上下分離の国として扱った（12ヵ国）。

道路も航空も，供給組織として上下分離であるのはいうまでもない。本来それが交通の原則であり，鉄道が上下一体なのは，その特有の性質に基づく。鉄道にも古くから「公有民営論」があったし，技術が進めば上下分離は不可能ではない。ただしそれが望ましいかどうかは別の判断である。

西ヨーロッパで鉄道の上下分離が採用され始め，定着した1980年代後半から90年代後半の鉄道利用を見ると，旅客は，イギリスとフランスでは90年代後半に増加が，逆にドイツでは全手段に停滞が示された（付表3）。

いずれにせよ鉄道の分担率は旅客において小さい。貨物は仏・独が英に比べては高いけれども，今日フランスで20％以下，ドイツで15％以下なのである（図5，6，7）。すでに輸送量は停滞していた。ただしドイツは全体の貨物量が多く，鉄道輸送量もそうである。

我が国の経験では，西ヨーロッパの客貨の輸送密度が低いため，多くの国で利用者負担の収入が営業費（輸送及び保守の経費）を償うことさえ困難と考えられた。この段階で「上下」を分離するといっても，上部の収入から上下双方の費用を支払うのは明らかに不可能であった。したがって，その主張は，公式にはどのような説明があったにせよ，下部の全部または一部は国・地方自治体の負担，営業費は利用者が支払うのが望ましいと判断された。例外は初期のイギリスだけであったと思われる。

それではなぜ赤字でも鉄道路線を維持するのか，という疑問が残る。西ヨーロッパでどのような検討がなされたか私には不明だけれども，日本の結論は次のとおりであった。

(1) 旅客輸送ではバスで運びうる路線（「特定地方交通線」）はバスに任せ，鉄道は撤退する。バスで能力不足の路線は必要な公共助成を行う（序章第Ⅱ節第3項）。
(2) 貨物輸送は自立経営で可能な限度の輸送を行い，原則として上下分離方式，すなわち旅客企業の線路を使用する。線路使用料を支払う。

西ヨーロッパ16か国の営業収支は，前述付表8のように分かれた。その11か国の支出が下部企業への支払いをどの程度に含むのか，含むとしても，収入がそれに見合うのかが問題であった。

以上の「上下分離」とともに注目されるのは，(1)地域の交通を確保する責任を地方が持つ制度が生まれたことと，(2)パリ・ロンドン・ベルリンなどでは都市圏内の運賃調整がなされていることである。
(1) 　地域圏の旅客輸送の権限と責任はフランスでは「地域圏 (Région)」に，ドイツでは州 (Lnad) に移された。日本流では北海道内の交通は道庁が担当するというのであろう。国は必要な資金を交付する。
(2) 　上記3都市圏では，都市交通用の地下鉄などの外に，全国鉄道企業の市街地付近の路線が「郊外線」「都市鉄道線」として利用され，また郊外よりさらに外方に広がる列車網が「地域急行線」「地域交通線」として存在し，それらすべてを一括して一つの運賃制度の下に置く運賃調整が実施された（第Ⅶ章第Ⅰ節第3項）。大都市圏内の利用がJRの黒字財源である我が国とは全く異なる方策がとられている。

「世界の鉄道」はパリについて次のように記している（p.173）。なおこの種の制度では「無賃乗車」の阻止はきわめてむずかしい。特にバスなどはそうであろう。

　4分の3の乗客が割引運賃を利用し，運賃収入は運営費の40%しか賄えず，残る40%は交通賦課金（自治体による事業所課税）に，20%は公的負担（国から7割，関係官庁から3割）に頼っている。無賃乗車は深刻で，路線によっては収入の20%の損失にあたるという。

　今日，上下分離の下部組織の困難を示す好例は「ユーロトンネル (50.5km, 1994年開通)」の経営である（第Ⅲ章第Ⅰ節第2項）。
　2006年7月13日「英仏海峡トンネル運営会社ユーロトンネルは……破産法適用の申請手続きを開始すると発表した。」（日経06年7月13日）。「巨額の債務返済をめぐる債権者との協議が期限の12日中に合意できなかった」からである。

ここでは資金提供者の巨額の負担で，一種の上下分離が強引に続けられてきた。しかし今後二度と資金供給者はこの種の計画に協力しないだろう。現時点から回顧すると，1980年代はなお鉄道投資が有望な場合があると宣伝できた最終段階であった。投資した人たちは，開通前の青函トンネル（53.58km，1988開通）についてもおそらく安易に予測していたのではなかろうか*。

　青函トンネルは我が国の幹線では珍しい上下分離であり，国の代行機関が施設を所有し，赤字は余り話題にはならない。しかしその保守費の負担も結局，納税者にかかってくる。

2．「上下分離」はフィクション経営

　西ヨーロッパの上下分離はやがて20年になる。この間にこの国はこのようにして成功したという情報はない。他地域の者からいえば，下部の企業が果たして企業経営といえるのかの疑問が深まるばかりである。それは単に施設を公有するための組織ではなかろうか。

　しかもその施設企業が負債を累積していくとすれば，純粋の国有国営企業よりも始末が悪い。責任の所在があいまいなまま，最後は納税者が債務を支払うことになる。

　ところで東海道新幹線の経験からいえば，その高速度は輸送と施設の技術集団の協力によって実現したものであった。その技術を統轄する責任者

＊青函トンネルの客貨輸送量は1日平均4〜5千人，1万3千トン台と考えられる。巨額の損失を避けられない。
　ユーロトンネル2006年の利用はユーロスター785.8万人（1日21,530人，角本推定），鉄道貨物列車1.6百万トン（4,400トン），列車輸送の自動車利用7.8百万人（21,000人），16.9百万トン（46,000トン）。前後に長い区間のある路線であれば自立採算可能の数字といえても，トンネル区間だけで経営する場合，この通過量では民間企業としての運営は困難である。
　2001年以後の成績は，ユーロスター旅客は漸増。自動車利用人員は漸減。鉄道貨物は減少。トラック貨物は微増であった。なお輸送された自動車台数は，2006年に，乗用車2,021,543両，バス67,201両，トラック1,296,269両である。

がいて成功したのである。また毎日の列車運行にも両部門の連携が不可欠であり，その責任を上下に分けることには疑問が大きい。

　それでも上下分離によって経費が節減できるというのであれば，なお分離を継続する意味があるかもしれない。しかし今日までその種の効果は確認できない。

　ここで想像すると，EUの官僚たちが上下分離を強行したのは，それが全域に行われ，一定の使用料金を支払えば，どこの輸送会社でも域内に自由に列車を運行できる（「オープンアクセス」*）。それによって競争が促進され，運賃が低下し，利用者にもEUにも利益になる。そう考えたのではなかろうか。残念なことにそのような効果は確認できない。「世界の鉄道」が伝えるのは，各国が独自の方式で上下分離を試み，若干の輸送企業（貨物輸送，国際及びローカル旅客輸送）の参入があったものの，経営改善の効果や，市場活性化を特記する状況ではなかったことである**。

　将来を予想すると，このような実態の企業運営は，責任不明確なまま，下部企業の負債を累積させていくおそれが大きい。

　フランスの場合，下部企業の「フランス鉄道線路公社」（RFF）がまさにそうなのである（「世界の鉄道」，p.172，なおSNCFの収入は153億ユーロ）。

---

*2007年1月から「EU域内も鉄道貨物輸送市場が完全に自由化され」（「運輸と経済」2007年4月，p.94），自国内の鉄道貨物輸送をも他国の企業に開放することになった。したがって各国は自国の鉄道貨物輸送能力を強化して他国への進出をはかるとともに，他国の進出に対し防衛せざるをえない。ドイツ鉄道の場合，自国における上下分離を徹底した上で双方を完全に分離するか，それとも両事業を「包括した企業体」として株式を上場するのがよいかについては交通大臣は後者を主張していると伝えられる。この主張をめぐっては今後さらに議論がなされよう。

**なお「世界の鉄道」p.174がフランスの鉄道貨物輸送に関し，「複合一貫（インターモーダル）輸送の比率は25％を占め，その規模は1,380億トンキロ程度」としているのは138億トンキロであろう。

> 　RFFは，1997年に設立された鉄道インフラの建設・運営を担当する公的組織で，SNCFから線路・構造物，駅施設・信号通信設備を引き継いだ。これらの資産額は307億ユーロにのぼる。インフラの保守業務はSNCFに委託している。
> 　2002年には運営のために，19億ユーロをSNCFから受け取った。2002年のRFFのインフラ整備・保守予算のうち，7億800万ユーロがTGVの路線整備，3億8,600万ユーロが在来線近代化，6億8,200万ユーロが施設のメンテナンスに使われた。2001年の負債利払いは2億5,140万ユーロにのぼり，うち1億7,020万ユーロが政府によって支払われるなど，負債が経営に重くのしかかっており，RFFは232億5,000万ユーロに達する負債の棚上げを政府に求めている。

　これらの数字から推測できるのは，施設の維持修繕は利用者が負担しても，負債の元利返済は納税者に全面依存する姿である。その限りでは下部組織を企業として扱うのはフィクション（擬制）に過ぎない。この責任不明確の体制は次の改革を必要とする。

第Ⅱ章　7大国の特色

　我々の意識の中では地球は年々狭くなってきた（第Ⅷ章）。

　地球を広域で分けるのが大陸の区分であり，ヨーロッパといった範囲の大陸では，鉄道運営の協力が進んでいる。

　国別には，たとえ一国がロシアのように日本の45倍と広くても，その特色を知ることができる。付表9は面積の大きい国を7か国並べ，我が国と比較した。

　人口が巨大な中国，インドの旅客人キロが日本の2倍強と大きいのは当然として，今後鉄道能力の整備が進めば当分は利用は増大するに違いない。米国，カナダの旅客人キロが小さいのは他の交通手段が利用しやすいからである。

　貨物トンキロでは米国，中国，ロシアが大きい。資源が豊富な超大国として当然であろう。ブラジルが小さいのは，経済が発展途上だからと考えられる。

　面積当たりの営業キロは米国とインドが大きい。寒冷地の広いカナダとロシア，不毛の地をもち，人口も少ないオーストラリアは小さい。未開発地域の広いブラジルはさらに小さい。

　以上の知識を頭に入れ，これらの国を眺めてみよう。

Ⅰ　アメリカ大陸の大国

1．「貨物鉄道」主体のアメリカ

　交通手段別にはアメリカは旅客においては乗用車と飛行機の国である。しかし乗用車は日本の4.8倍程度の利用であり，意外に小さいと感じられる（2000年）。航空は10.7倍である。広大な国土を考えればやはり多くは

ない（付表3，10）。

　貨物ではトラックはアメリカが日本の5.6倍である。この面でもそれほどの道路依存とはいえない。これらの数字はそこに含まれる範囲についてなお検討が必要である。

　鉄道は貨物の4割を運び，アメリカの鉄道はこの貨物輸送を主目的とする。

　貨物鉄道は西ヨーロッパと異なり，純粋の民間企業として経営され，「上下分離」などの操作はない。20世紀後半，純粋の貨物鉄道として自立するまでに苦難を経験しながら，現在の水準に到達した。その大量輸送を代表するものとして長い石炭列車や二段積のコンテナ列車がある。

　もちろんアメリカの鉄道も19世紀から貨物主体の姿だったのではない。1950年代においてさえ，大陸横断の旅客鉄道を維持すべきだと考えた鉄道経営者もいた（第Ⅲ章第Ⅱ節第2項，第Ⅸ章第Ⅱ節第1項）。かつて19世紀から20世紀前半にかけて鉄道が国家の統一，発展に貢献し，それには鉄道の旅客輸送が大きな役割を果たした。その機能は企業としても存続できると一部の人は信じた。

　1960年ころにはこの夢は破れた。しかし国としてそれを維持すべきであるとか，全国には困難でも，ニューヨーク中心にボストンからワシントンまでの「メガロポリス」（北東回廊）には必要だという主張が政治に採用され，日本や西ヨーロッパの新幹線等に似た高速列車が3都市を結ぶに至った。なお大陸横断の旅客輸送路線が地図に描かれており，「長距離列車は週3回運行とされている」（「世界の鉄道」p.359）。

　アメリカの旅客鉄道が21世紀に存続できるのか，また必要があるのか，おそらく国民の多くは疑問であろう。

　「世界の鉄道」は旅客輸送担当のアムトラックについて次のように述べている（p.358，359）。

> 　アメリカにおける都市間旅客鉄道事業は，1971年以降，アメリカ鉄道旅客輸送公社（National Railroad Passenger Corporation：NRPC），通称アムトラック（Amtrak）が行っている。
> 　アムトラックが自社で線路を所有・管理しているのはWashington D.C.～Boston間の北東回廊とその他一部の路線のみであり，その他の営業路線については，民間貨物鉄道会社の線路を借りて列車運行を行っている。
> 　現在，アムトラックで運行されている高速鉄道としては，2000年12月11日に営業を開始したAcela Express（アセラ・エクスプレス：Boston～New York～Washington D.C.間（最高速度約241km/h））のみとなっている。
> 　高速鉄道建設については，各州が様々な計画を立てているが，現時点で建設に向けて具体的に進められている計画は，カリフォルニア州の高速鉄道計画のみとなっている。

　この米国の経過は高速新線の将来を示す貴重な教訓といえる。建設が計画者たちの予想通りに進むとは限らない。カリフォルニアの人口分布では困難が大きい。

2．同一類型のカナダ

　カナダを理解する際に注意を要するのは，国土面積が数字の上では米国並みであっても，国土の大部分が居住不適地で，人口がその10.9％にとどまることである。米国でさえ鉄道の旅客輸送は育ちにくい。ましてカナダがそうであるのはいうまでもない。

　カナダは鉄道に関しては米国と同じ類型である。広大な面積に人口が低密度に分布し，旅客鉄道を運営する組織（VIA）の利用密度は著しく低い。しかしそれでも旅客列車を動かしている。旅客鉄道が大都市に発着するこ

とが国の威信を象徴するとの考えかもしれない。大陸横断の路線が地図に描かれている。

　米国との国境のすぐ北にその主要都市が存在し，それらを東西に結ぶ路線が注目されるけれども，旅客列車を必要とする人口規模ではない。

　鉄道の存在理由は貨物鉄道にある。それが20世紀後半からは実質の機能となった。その2大企業（カナディアン・ナショナル，カナディアン・パシフィック）合計の輸送密度は米国の56％程度であっても，西ヨーロッパ諸国よりもはるかに高い（付表11）。

3．なお模索中のブラジル

　ブラジルは「世界の鉄道」の記述では，米加のように正確な，体系だった数字は入手困難だったらしい。鉄道創業年は1860年と我が国よりは早く，各地に規格の多様な路線が開通した。次にそれらの多くが国有化されたものの，20世紀後半，道路重視の政策の下で鉄道は衰退した。他面，この鉄道に対し1957年設立の「連邦鉄道会社」は政府の干渉の下で期待の成果をあげなかった。1990年ころには，当時世界が鉄道民営化，あるいは分割民営化の基調だったのを受け，ブラジルも1995年連邦鉄道の運営権を六つの民間企業に譲渡した。運営会社がリース料を支払う上下分離であった。

　それらと別に存在していたサンパウロ州立鉄道も，また他の国営会社（二つの鉱山鉄道）も民営化された。ブラジルの記述にはこれら三つの系列の説明がある。ブラジル理解の難しさは，なおこれら以外に多数の路線が分散して存在することである。

　民営化の成果は，連邦鉄道分については輸送量の増加として伝えられる。「1996年対2002年では50％増加した」という。

　ブラジルで特に注目されるのは上述の二つの鉱山鉄道であり，一つはイタビラ鉱山－ビトリア港間の「ビトリアミナス鉄道」（Vitória a Minas Railway）。今一つはカラジャス鉱山－ポンタダマディラ港（おそらくサンルイス市付近）間の「カラジャス鉄道」（Carajás Railway）である。

　前者は898kmの営業キロで526億9,100万トンキロという巨大量を運ぶ

（1営業キロ当たり5,868万トン）。後者は892kmで400億9,000万トンキロ（同4,494万トン）。後者が軌間1,600mmであるのに対し，前者は1,000mmと狭軌であり，なおこの巨大な輸送量を達成しているのは驚くべき業績である。いずれにせよ，これらの輸送は我が国とは全く異なる世界に属する。

ところで米加2国とブラジルとを比べて，前二者には東西の海岸を結ぶ大陸横断の役割があり，それは世界の交通路線として認識された。ブラジルの場合，領域は大西洋側の平地に限定されていた。

西側の隣国とは鉄道路線が同一土地において接している区間がある（例，ボリビア）。

かつて東海道新幹線の成果が世界に注目され，人口数百万人の2大都市が数百kmを隔てて存在する区間を高速新線で結ぶ提案がいくつかの国にあった（第Ⅲ章第Ⅰ節第1項）。リオデジャネイロ－サンパウロ間もその候補とされた。しかし当時のブラジルでは鉄道経営はなお模索の段階だったし，現在もそうなのである。

Ⅱ 中国，インド，ロシア，オーストラリア

1．鉄道「急整備」の中国

中国では経済の急速な発展に伴い，在来線の改良，在来規格の新線の整備と高速新線の整備が大規模に進められている。2007年1月，上海－南京等の在来線に「はやて」方式電車の営業が始まった。

付表12において中国はなお貨物輸送量が米国より小さいけれども，やがて肩を並べる時期が来る。すでに輸送密度は非常に高い。平均値がこのように高いのは，特定の区間では非常に大きいと推測させる。

今後鉄道が高速道路・空港の整備による自動車・航空の新能力とどのように競争していくかが注目される[*]。2006年7月チベットのラサまで鉄道

---

[*] 2003年中国の路線別の航空旅客は北京－上海301.8（万人），上海－深圳166.1，北京－広東162.8であった。同年度東京－札幌925.5，東京－福岡826.1，東京－大阪777.4。

新線が営業開始したという実例は（第Ⅳ章第Ⅰ節第2項），鉄道の躍進と同時に，今後の経営の課題を思わせる。

　中国でも在来の共産主義下の国家統制から民営化の方向に進んでいくことが予想される。技術面も経営面も，21世紀に大きな変化があるに違いない*。

　2008年の北京オリンピックには北京－天津間の高速新線（116km，営業最高速度300km/h，設計上は350km/h）が開業する。その北京南駅は天津・上海方面への高速列車ターミナルと予定されている。

　中国には高速新線が張りめぐらされると伝えられる（図17）。しかし人口密度は我が国に比べて低く，また大都市の配置はむしろ高速道路と空港を必要とする。この意味で米国に似ている。

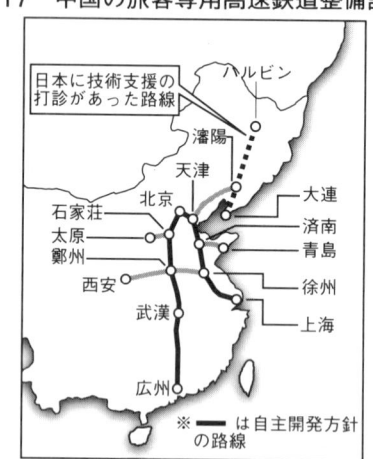

図17　中国の旅客専用高速鉄道整備計画

出典：日本経済新聞　2007年2月26日
（注）北京－上海　約1,300km　北京－広州　約2,000km　大連－ハルビン　約950km
中国は2010年ごろまでに旅客専用路線（300km/h）7,000kmを整備する計画と伝えられる。

＊2007年4月のダイヤ改正は次のように報じられた。「18日，最高時速250キロの高速運転が始まった。……最高時速200キロ以上の高速路線で走行距離が大幅に増えた。……主要メディアは『鉄道大加速』を大々的に報道した。」（日経4月19日）
かつて我が国にも鉄道の前途が大きく期待された1960年前後があった。しかし経済が1960年代10年間に「所得倍増」の成立を遂げる中で他の交通手段がより大きく発展し（図2，3），1964年には国鉄の赤字23年間（図1）が始まったのであった。

2. 能力整備が予想される鉄道大国：インド

日本の8.4倍の面積に8.5倍の人口が住むインドでは，国鉄の営業キロはJRの3.1倍である。旅客輸送密度は中国より高い*。

規模の比較では次のように述べられている（「世界の鉄道」，p.78）。

> 現在のインド鉄道（Indian Railways: IR）は，6万3,141kmの路線網を持ち，1日に1万4,444本の列車を運行している。単一の鉄道事業体として，その路線網は，ロシア鉄道，中国鉄道に次いで世界第3位，旅客輸送量（人キロ）は世界第2位，貨物輸送（トンキロ）は世界第5位，職員数147万人は中国に次いで世界第2位と，規模と輸送量において世界最大級の鉄道となっている。

インドにおいても経済の発展に伴い鉄道整備が検討されている。その人口高密度と経済発展から見て，鉄道能力の増強は緊急といえる。

3. ロシアの企業改革は成功するか

ロシアは7大国の中では面積が最も広い（付表12）。その広い国土の東西を結ぶのに鉄道は特に重要な使命を持つ。モスクワとウラジオストク間の鉄道営業キロは9,288kmと長い。両都市の地表面上の隔たりは，経度で見て90度であり，その緯度において地球の円周のほぼ1/4に当たるとして，直線では6,000km程度の距離であろう。

この広大な国に人口が1億4千万人と我が国の1.2倍程度なのは，いう

---

* 「世界の鉄道」では年間旅客輸送人キロ（億）は①中国4,969，②インド4,935，③日本2,414，④ロシア1,529，⑤フランス735であり，次にドイツ，エジプト，ウクライナ，イタリア，イギリスと続く。

人口1人当たりの人キロは日本1,891，スイス1,919（付表1）に対し，中国380，インド454であり，ヨーロッパではスペインが458，アイルランド369であった。

までもなく極寒の地域が広いからである。

　ロシア鉄道の旅客人キロは，1,529億人キロであり，日本のJR6社2,414億より少ない。ロシアにおいては鉄道は人の移動におけるよりも，貨物が重要といえる。シベリア鉄道ではモスクワーウラジオストク間に優等列車ロシア号が毎日1本出ている程度なのである（7泊8日）（「世界の鉄道」p.129）*。

　ただしそうはいっても旅客輸送密度は西ヨーロッパの多くの国（付表6，7）と同じである。モスクワーサンクトペテルブルグ間に高速新線の発想が主張されるのも不自然ではない。どこの国にも人口高密度地域は存在する。

　鉄道の貨物輸送量は非常に大きく，輸送密度はアメリカより大きい。付表12のように両国を比較するとその特色が明らかである**。

　今後ロシアに注目されるのは，鉄道改革がどのように実施されていくかである。ロシアの場合，「改革」は，西ヨーロッパと同様に他手段の発達への対応と共産主義体制からの転換という二つの意味があると考えられる。

　ロシアにおいても2003年10月，上下分離制が採用され，鉄道運営会社（100％連邦政府出資の公開株式会社）として「ロシア鉄道」が開業した。資産は「連邦鉄道財産」として政府が所有する。

　今後の鉄道運営において，旅客と貨物の関係も注目される。これまで「旅客輸送の赤字を貨物輸送の黒字によって内部補助」（同上，p.124）してきたとされるからである。

　　＊2006年には偶数日にウラジオストク発，6泊7日（所要時間148時間31分，うち時差7時間）。寝台車2人／1室の1人分13万円，4人では7.5万円程度（2007年には2割程度の値上げ予定）。
　＊＊「世界の鉄道」では年間貨物輸送トンキロは①アメリカ2兆，②中国1兆5,515億，③ロシア1兆5,100億，④カナダ3,402億，⑤インド3,332億であり，次にウクライナ，ブラジル，カザフスタン，南アフリカ共和国，ドイツと続く。

4．別個の類型：オーストラリア

　広大な国土に2千万人が住むオーストラリアに，現在の規模の鉄道が必要とされるのは我が国と事情が違うからであろう。

　営業キロ4万100kmに6億4,789万人の旅客と5億5,375万トンの貨物というのは，我が国と極端な対照である*。輸送の性質が異なるので，比較はむずかしい（南北線の全通については第Ⅳ章第Ⅰ節第2項を参照）。

＊JR 6社86億4,200万人，JR貨物3,787万トン（世界の鉄道）。

〔「限界の時代」に到達〕

第Ⅲ章　現段階の問題点

　前2章に述べた鉄道の現況はどのように評価されるか。かつて19世紀は「鉄道時代」("Railway Age") といわれた。引き続き20世紀は後半もなお鉄道の進歩，能力の拡大と技術革新が世界に大きな影響を及ぼした。しかし21世紀初めにはすでにその勢いは弱まった。今は「自動車時代」「航空時代」であり，「宇宙」への関心が高まっている。鉄道への試みはつづいているものの，多くのことが足踏みとなった。

Ⅰ　経済合理性の軽視，その反撃

1．高速新線の飽和—（300＋X）km/h時代の意味

　今日，世界の多くの鉄道はなお経営困難を解決していない。20世紀後半，鉄道への大投資を継続し，あるいは赤字対策を放置したからである。かつての日本国有鉄道がその好例であった。国鉄の残した国民の債務はまだ処理を終わっていない（第Ⅹ章第Ⅲ節第1項）。しかし我が国だけではなく，欧米諸国も同様の状態に陥ったのであり，その状態から回復した国は少ない。

　21世紀初め，新幹線あるいはそれと同等の路線が西ヨーロッパなどにも開通している*。フランスは1981年以降にTGVの路線を次々に開通させ，

　＊新幹線の延長は実際のキロ数は2,176km（参考文献3，p.126），時刻表における同区間の営業キロは2,268.8キロである。他国の集計はむずかしいけれども，フランスのTGVについては「時速300キロ走行が可能な専用線の総距離」は1,547キロであると伝えられた（朝日新聞，2007年1月10日）。時刻表ではパリ－マルセイユが750kmの営業キロであり，その2倍強に相当する。

ドイツは1991年以降にICE用の新線を開業した。イタリア，スペインにも路線が生まれた。詳細は後に説明する（第Ⅴ章）。2007年1月には台湾の台北－高雄間にも開通した*。

それでは今後さらに高速新線が次々に開通していくだろうか。私見では日欧の整備はすでに峠を越えた。

こう書くと，推進派からは異論が出よう。我が国でも時速三百数十kmへの開発が始まっており，ドイツの営業路線は330km/hで走行できる（営業は300km/h）。フランスではすでに320km/hが使用されている。東海道・山陽には700系に代わるN700系電車が走る**。技術の進歩を軽視してはならない，といわれるに違いない。問題はそれに見合う需要が存在するかどうかである。路線が延びるにしたがってそのような区間は少なくなる。

これらの推進計画に不幸だったのは，飛行機の性能が急速に向上し，かつ価格面の競争力を強化して鉄道乗車2～3時間以上の旅客を奪い，他面，人びとの関心が全世界に向けられ，鉄道輸送の競争可能な範囲をはるかに越えたことであった。旅行への興味は数千km，1万kmの範囲に広がったのである。一度広がった関心は縮まることはない（第Ⅷ章）。

この経過は我が国でも深刻であった。鉄道は1960年代までは東京から北海道や九州へと全国各地を結ぶ手段であったのに対し，航空利用が急速に伸び，鉄道の遠距離旅客は激減した。寝台列車はヨーロッパと同様にほとんど昔語りとなった。

奇妙だったのは，この状況に対する戦略とでも考えたのか，新幹線の整備は東海道を越えてさらに広がったのである。1970年以降の鉄道政策は経済合理性を欠き，国鉄経営の破滅を招いた（図1参照）。

西ヨーロッパの鉄道政策もそうであった。今日EUといわれる広域では

＊台北－高雄間（345km）を1時間半で結ぶ。最高速度300km/h。
＊＊N700系電車は東海道ではなお最高速度270km/hでも，曲線通過速度の改善により所要時間を5分短縮した。山陽では，500系と同様に最高速度300km/hで走る（700系は285km/h）。

主要都市を「高速列車」で結ぶ計画が進められてきた。この地域で北から南へは，例えばストックホルム－コペンハーゲンを通り，ドイツ，フランス（あるいはスイス）を経由して，マドリード，リスボンに行くか，ドイツからスイスかオーストリアを経てイタリアを南下する（図13参照）。

また西から東は，ロンドン－ブリュッセルからドイツ，チェコ，オーストリアを通りブダペスト－ベオグラード－ソフィア－アテネであろう。

このようなルートを描くと，フランス，ドイツなどが高速新線を推進した意味が想像できる。それらはヨーロッパの地理上の中心地域において長距離の旅客にも利用されるはずであった。その不幸はそのような長距離利用が航空に移ってしまったことである。しかもフランスの例が示すように政府に巨額の債務が累積した（第Ⅰ章第Ⅱ節第2項）。

ところで，鉄道と航空の関係を見ていく上で興味のあるのは，空港に鉄道の本線（例，イル・ド・フランス連絡線）を経由させた措置である（序章第Ⅱ節第4項）。パリのシャルル・ド・ゴール空港へは，リールからのTGVが到達し，さらに西下してリヨン方向に行く。リールやリヨンの人たちに同空港の利用を便利にするよう配慮し，かつパリ通過の人びとを鉄道に誘致する計画であった。フランクフルト，アムステルダム，チューリヒ，ジュネーヴの空港にも鉄道本線が導入された。

主として海上に展開する我が国の空港にはこの種の経験は少ない。実例としては新千歳空港がそれに近い。なお都心部から空港への鉄道連絡の例は，関西空港，中部空港など世界の多くの都市に見られる。

西ヨーロッパではこのように種々の努力がなされている。しかし，その高速新線の利用人員は日本人の目には多くない。いかに建設費が安くても，これでは赤字だろうと思う。ただし路線別の収支が発表されているかどうかは確認できない。大都市付近では既設線を利用し，経費を節約できたにせよ，輸送量は少ない。

一般に鉄道路線では両端に需要発生地域が大規模にあれば，流れが帯状になり，「回廊」を形成し，輸送力の有効利用となる。それ以外は「先細り型」であり，不利である。我が国の経験では東海道だけが断然有利で，

山陽，東北は不利であった。

　輸送密度は東海道を100.0にして，山陽は29.1，東北は26.9に過ぎない（2005年度）。国鉄の地域分割に当たっては，各社とも自立可能なようにこれらの条件差を調整した（参考文献6）。

　1964年の東海道新幹線の開業は，数百kmを隔てた巨大都市を結ぶ鉄道は成功するとの興味を世界におこした（第Ⅱ章第Ⅰ節第1，3項）。まずニューヨーク南北の北東回廊とロンドン－パリ間が注目され，後者には海峡トンネルを通じた計画が採用された（1994年に開通）。

　さらに米国ではロサンゼルスとサンディエゴ，ブラジルではリオデジャネイロとサンパウロも話題となった。しかしいずれも人口規模が小さく，また中間に需要がなかった。モスクワーサンクトペテルブルク間は計画が伝えられる。

　一般にヨーロッパの高速新線は「先細り型」である。フランスではパリだけが巨大でリヨン以下ははるかに小さい。ドイツでは路線が，巨大都市ではなく，大中都市を結んでいく形であり，ここでも大量の利用は望めない。ベルリンは巨大都市だといっても，なお規模は小さく，しかも今日のドイツに対しては北東に偏在する（第Ⅵ章第Ⅱ節第3項参照）。ドイツの都市配置は航空利用を有利にしており，その航空輸送量はフランスよりはるかに多い（付表3参照）。もちろんヨーロッパにも空港能力の制約がある。

　人口規模と経済発展から見て今後に注目されるのは中国における新線建設である。日欧がほぼ整備を終わった段階で，路線は急速に延びよう。しかしここでも高速道路・航空との競争が鉄道の制約となるに違いない。旅客の鉄道利用は中国においても乗車3時間以内の数百kmまでを主体としよう。

　さらに将来には人口の多いインドがその巨大都市を結ぶ路線を創設するかが注目される。

　これらの国々に対し，日本やフランスは高速新線の建設を終了させる段階に入ったと私は考える。フランスではパリ－ストラスブールを結ぶ「東線」が完成すれば，大幹線は終わる。我が国ではなお九州，北陸などを政治はいうけれども，国民は覚めた目で見ている。長崎新幹線では沿線の市の反対で予算の執行が中止されたままである*。滋賀県では東海道新幹線

の新駅を県費で作る計画が，知事落選という形で批判され（2006年7月），「もったいない」という精神で「県費支出」は進まなくなり，その後の県会議員選挙ではこの反対への支持がさらに明確になった（2007年4月）。2007年5月この計画は中止となった。すでに新幹線への批判はこのような形で進みつつある。

　高速新線をめぐって展開された高速化への国際競争も熱気を冷まされていこう。支出増加に見合う実益が疑わしいからである。次項の海峡連絡鉄道も，海峡トンネルの例を待つまでもなく，性質は高速新線に似ていた。

2．海峡連絡鉄道の「破産」

　20世紀から引き継いだ課題として海峡連絡鉄道の経営がある。それが民間企業であれば，経営行き詰まりの心配があり，国または公企業であれば「破産」はしなくてもその経費負担が国民の重荷になる。土木技術では実行可能であったにせよ，その実現が国民に望ましかったとは限らない。

　海峡連絡ではまず1940年代前半の関門トンネル（下り線3,614m，上り線3,604m，海底部は上下とも1,140m）があり，この方は通行量が多いので，特に経営の問題とはされなかった。

　20世紀後半に注目されたのは，我が国では本州－四国と青森－函館であり，ヨーロッパでは(1)ドーヴァー海峡，(2)コペンハーゲンを大陸と結ぶ路線（スウェーデン－デンマークの島－ユトランド半島）（第Ⅴ章第Ⅰ節第2項に説明）であった。さらにイタリア南端のメッシナ海峡の鉄道道路併用橋の話題がある。ただし鉄道の現在の輸送量は小さい（同上）。建設が進行中なのは欧亜を結ぶボスポラス海峡海底トンネルであり，2004年に着工されている**。

＊2007年度予算では，新幹線は次の開業が予定されている（総事業費2,637億円）。
　新青森－新函館間　2015年度末。八戸－新青森間　2010年度末。長野－富山
　－金沢間　2014年度末。博多－新八代間　2010年度末。
＊＊全長13.7km（海底部分1.4km）。イスタンブールの地下鉄道，長距離旅客列
　車，貨物列車の乗り入れが予定されている。

海峡連絡は航空時代になってもなお人間の夢である。その夢を実現しようとすること自体は，関係者が責任を負うのであれば止める理由はない。しかし今日，まず青函トンネルが批判されるのは，そこに期待の客貨輸送量が発生せず，地域への経済効果も小さく，かつすでに巨額の経費を使用し，さらに今後もそうであり続けようとするからである。開業前に主張された青函地域の一体化などあるはずがなかった。

　青函の場合，湿度の高いトンネルをどう保持していくかがすでに大問題なのである。この区間には新幹線計画が進められているけれども，今日までの在来線利用は少なく，その効果には疑問が大きい。

　その青函トンネルを先例として建設されたのが1994年開業のドーヴァー海峡のトンネル（ユーロトンネル）であった。青函と異なり両側にロンドンとパリ・ブリュッセルという大都市圏を持ち，ヨーロッパ大陸の鉄道網につながるというので期待が大きかった。

　計画当初，イギリスの首相はそれは民営企業による自立採算が可能と日本の首相にも資金協力を要請していたという。

　しかしそのトンネル区間を通行料収入で自立経営させるという発想は，青函を知っている者には無謀に見えた。事実，開業後は赤字に悩まされ，前述のようについに2006年には破産手続きによる裁判が始まった（第Ⅰ章第Ⅱ節第1項）。しかし破産させたからといって，トンネルを閉鎖する決断を政治家たちがするのかどうか，今後が注目される。それにしてもこの事業に資金を供出させた政治の責任はそのまま消えていく。それが政治の世界であり，洋の東西を問わない（第Ⅹ章第Ⅱ節第1項）。

　英仏海峡トンネル運営会社ユーロトンネルは1兆3千億円の債務を抱え，その54％を削減する方向で検討していたという。

　ここでおきる難問はそのように債権者の負担でトンネルを維持させていってよいのかである。またかりにそうしたとして，それだけで企業が永続できるのかである。

　さらに交通政策としてこの海峡トンネルは必要であったのかどうか。たしかに利用はあるけれども，トンネルを選択するかどうかは，利用者収入

によって当面の維持運営が可能かが一つの判断基準であったはずである。かりにそうできたとしても，次に大修繕の費用が必要となる。

日本としてはまさに青函トンネルの問題なのである。決断すべき時期がもう来ている。

Ⅱ 鉄道が活動する範囲

1．技術開発への期待と限界

技術の進歩はとどまる所を知らない，というのが今も人びとの信念であり，それに基づいて成果が次々に得られてきた。しかし技術としては進歩でも，それを採用できるかは別の問題である。

18世紀から今日まで交通について多くの試みがなされ，なおなされようとしている。しかし採用普及となると，交通に特有の条件によって選別され，合格見込みのものは少なくなった。

特有の条件というのは，(1)対象の変形加工の自由度の欠如，(2)連続した空間の必要，(3)費用負担の可能性である。

まず第1に交通の対象となる「人」「物」の変形加工がほとんどの場合許されない。今日無数の技術がある中で，進歩といわれるのは，この変形加工が自由になされるのが多いのではなかろうか。情報もまたその好例である。交通では原則としてそれは許されない。

例えば飛行機は気圧の変化に備えて酸素マスクを用意している。ところが宇宙飛行となれば各人に種々の訓練が必要となる。変形加工の危険への対応能力を持つためであり，誰でも金さえあれば地球を外から眺めるというわけにはいかない。

条件の第2は連続した空間の必要である。ラサへの鉄道（次章第Ⅰ節）がインドまで通じるかといえば（例，ラサ－ダージリン），それは不可能ではあるまい。ただし技術では可能でも，政治がそれを認めるか，また実際に資金を用意できるかは別である。たしかに人間は地表面を眺めて知恵を働かせてきたのであり，スエズやパナマの運河はその好例といえる。ま

た世界が平和なら飛行機のルートはさらに短縮できる。

　しかし例えば北極海を海運に利用できるかどうかはなお夢物語に見える。横浜とロンドンの連絡にその方が短いとしても高価すぎる*。

　今日，空間の入手には環境対策がからむ。20世紀後半の知恵には大都市圏では地上から50m以上の「大深度地下」を利用せよとの提案があった。たしかに我々は関門や青函で地下深くもぐっていても，不安は少ない。しかしその大深度の場所に発着施設を持つとなれば話は違ってくる。楽しい想像図が描かれても，もし万一という不安を持つ。エレベーターが無条件で信頼できるのではないことは，今や国民の深刻な関心事となっている。

　我が国がこの空間入手において世界で一番不利な国であり，世界の海運・航空において競争力を失っているのは周知のとおりである。港湾，空港の大型化に反対の勢力が多く，説得は常に難渋した。今もそうである。

　条件の第3は経済性であり，それには第2の条件が関連する。しかし関連しない場合にもやはり問題なのである。交通の技術革新が特にいわれたのは，新幹線，大型ジェット機，大型貨物船などが登場し，定着した1970年代であった。当時さらに陸海空の手段に大型化や高速化がいわれ，特に速度は飛躍すると期待された。事実，次々に実用化の試験，試行がなされた。それらは技術として成功し，結局，経済性の障壁を超えられないままである。

　航空では仏英が超音速機（コンコルド）を開発し，使用したけれども，困難が多く，事故もあって退場した。海運では高速の実験船は成功したものの，余りにも高価なので，使用されない。東京－小笠原間の夢は将来に延期された。

　道路では速度の向上はほとんど話題にならない。安全確保とエネルギー節約のためには抑制がいわれよう。

　軌道方式ではこの半世紀近く，超伝導・磁気浮上の超高速が研究され，リニアモーターという専門用語が国民に定着した。しかし技術開発は成功

---

　*横浜－ハンブルク間はスエズ運河経由11,400マイルに比べ，北極海航路は6,600マイルであり，短いとされる。

したものの，空間入手と費用負担の二つが難点として残った。ドイツのトランスラピットも施設の建設費がドイツ国内の採用に制約となっている。中国では上海－杭州間175km（投資額約5,500億円以上）の計画が伝えられる。当面，我が国にはその種の余裕はない。実験と実用の距離は遠い。

東京－大阪間の超高速鉄道のルートが第2新幹線として奈良に停車するとか，沿線には首都の候補地を選定*との物語まで話された。しかし実用化のめどは立っていない**。費用が余りに高額であり，国民の負担力を超えると危ぶまれる。東京－大阪間の建設費は8兆円とも10兆円ともいわれてきた。

高速化にはエネルギーの問題がからむ。当面の問題は，新幹線などをどこまで高速化すべきかである。時速200kmを超えて300kmに近づくとエネルギー消費が急上昇する。それに対して300km以上への向上を求めるべきか，例えば280km程度にとどめ，現在の所要時間で満足するかは，時代の条件に合わせて判断されよう（序章第II節第5項）。山陽新幹線において「のぞみ」500系の300km/hを同700系では285km/hとしたのは当時の我が国の知恵であった。前述のN700系はそれらの経験に基づく新技術として性能が期待される。

2．費用負担方式の選択

さて本章に例示した鉄道は22世紀にもなお存続しているだろうか。

今日までの経験からいえば，持続してきた鉄道は二つに分かれる。これが21世紀初頭の判断である。

第1は，競争があっても自立経営が可能だった鉄道である。その代表例はいうまでもなく東海道新幹線であり，米国の大量輸送の貨物鉄道もそれにあげられる。ブラジルの鉱石輸送鉄道もそうであろう。いずれも需要は大量・定形・継続である。

＊1997年候補地として阿武隈・那須とともに東濃・西三河があげられた。
＊＊JR東海は2007年4月26日，首都圏と中京圏を結ぶリニアモーターカーの2025年の平常運転開始を目指すと発表した。想定の最高速度は500km/h。

第2は，欠損であっても国民が公共助成を是認する鉄道であり，パリなどの運賃調整のある都市圏鉄道（第Ⅰ章第Ⅱ節第1項）がまずこれに入る。次章第Ⅰ節第2項に紹介するラサへの新線も国として支持するのであれば永続できる。

　これら二つの分類は22世紀にも通用するとして，個々の路線がそのいずれに入るかは諸条件の変化によって違ってくる。おそらく20世紀初め，米国の大陸横断鉄道の旅客輸送が消滅するとは誰も考えず，第1の種類と信じられていたに違いない。20世紀の半ばにもなおそう考えた経営者がいた（第Ⅸ章第Ⅱ節第1項）。しかし今日この輸送はほとんど消滅した。

　我が国の場合，人口の減少がどの程度に進むかが，鉄道経営の将来に関連する。

　鉄道旅客輸送を都市間と都市圏内に分ければ，後者の方が他手段との競争に強いのがこれまでの経験であり，また他手段では需要を充足できないからこそ公共助成が是認されてきた。西ヨーロッパではこの方式が定着し，22世紀にも変わりようがないだろう。

　既設路線が以上のように分類されるのに対し，自立経営可能な新線の追加は，鉄道先進国ではまず想像できない。新線はすべて第2の種類であろう。大都市の通勤路線も，新幹線の追加新線も公共助成なしにはすまない。

　貨物輸送においては特に大量の物資を輸送する路線が今後も存在しよう。しかしそれは他の国の話であり，我が国にはない。

　それでは全世界を見渡して鉄道に今後なおどのような可能性があるかを，次章に取り上げ，私見を述べる。

第Ⅳ章　鉄道網は広がるか

　21世紀に鉄道建設がさらに進むとすれば，もはやそれは今日の鉄道先進国ではなく，今後に経済の急成長が期待される人口高密度地域，名前をあげれば中国やインドなどであろう。

Ⅰ　世界の地図に路線を描く

1．かつて1940年の夢（「未成鉄道」）

　すでに1940年あるいは第二次世界大戦の直前において，当時の先進国では鉄道の主要路線はほぼ完成していた。なお残されていたのはドーヴァー海峡のトンネルなどであり，この方は願望だけで計画そのものがなかった。

　当時の地図を見ると，予定線が「未成鉄道」として描かれている（以下，三省堂「最近世界地図」1940年による）。

　まずアジア大陸では20世紀初めに開通のシベリア鉄道に続く亜欧連絡の夢があったはずである。地図帳には咸陽（西安の西）から蘭州までの予定線が描かれ，その西はない。その代わり，咸陽の西の方から成都を経てさらに西へ行く路線がある。

　成都へは漢陽から重慶を経て到達する路線もあり，それは重慶で分岐し，昆明に行き，さらにビルマ（ミャンマー）に向かう。なお昆明には仏印（ベトナム）から路線が開通していた。

　成都からは西へチャムド（察木土，昌都）を通り，ラサに達し，さらにダージリンでインドの鉄道につながることになっていた。そのようにビルマ，インドが意識され，トゥルファン，ウルムチの方向には路線は描かれていない。当時の国際情勢を反映していたといえよう

さて今日の地図ではウルムチからカザフスタン共和国への路線が示され，地図の上では連雲港からロッテルダム港までがつながった。そこへコンテナ列車を走らせ「ランドブリッジ」（序章第Ⅰ節第1項）とするかどうかは21世紀の問題である。

ラサへは次項に述べるように新線がゴルムド経由で開通した。

1940年，西南アジアではバグダッド－テヘランなどの予定線が示されていた。

アフリカにも壮大に南北の連絡線が描かれた。ハルツームから南下し，コンゴ川に到達。今日のコンゴ民主共和国の南部で既設線と結ぶ。それによってカイロからケープタウンまで南北がつながる。

しかし多くの地域には計画も予定もなかった。南アメリカではアマゾン川流域の広大な範囲が空白のままであった。今日も計画のしようがない地域といえよう。

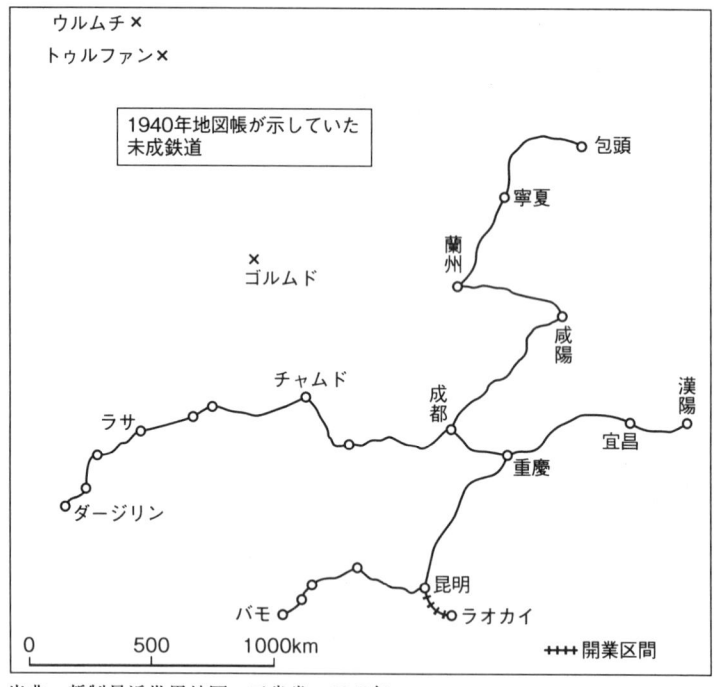

出典：新制最近世界地図，三省堂，1940年。

第Ⅳ章　鉄道網は広がるか　75

　最後にオーストラリアでは南北線のアリススプリングス－ダーウィン間に予定線が描かれていた（次項）。
　これらの予定線は，高速道路と飛行機の航空路が未発達であったことを前提に理解しなければならない。
　それにしても，これらの路線はどのような勢力の手になるのか，知りたいことである。

2．21世紀初め2路線の開通

　今日，鉄道は自動車と飛行機の挟撃を受け，特に大量・定形・継続の客貨がなければ，自立経営は難しい。
　まして長距離にわたってその種の旅客か貨物を確保できる区間は少ない。特に旅客は数百km以上あるいは乗車時間3時間以上では飛行機に対抗できない。それが20世紀の経験であった。
　しかし21世紀に入ってオーストラリアでは，南からアリススプリングスまで1920年に開通していた南北縦貫線をダーウィンまで完成した（2003年，1,420km，1,080億円）。2004年1月貨物，2月旅客開業。タクーラ－ダーウィン間は2,255kmの長距離である。
　次に2006年には中国において青蔵鉄道（西寧－ラサ間）のゴルムド－ラサ間（全線単線）が完成し，北京からの列車も直通するようになった。
　西寧からはもちろん，西安からでもラサへ一泊二日で到達できる*。

＊ラサから各地への距離，所要時間，料金（「軟臥（下）」）は次の通りである。

北京（西駅）	4,064km	48時間00分	1,262元
成都	3,360	48　50	1,104
重慶	3,654	48　50	1,168
蘭州	2,188	30　13	854
西寧	1,972※	26　47	810

　（説明）北京へは毎日，他は隔日発。「軟臥（下）」は我が国のA寝台下段に
　　　　相当しよう。
　　　　1元＝約15円，他に青蔵鉄道建設料50元と予約手数料。
　　　　※図の西寧－ラサ間は1,956km。
　出典：交通ペン，2006年11月1日。

注目されたのは高山病対策であり，通過最高地点は5,072mと高い（それまでの最高はペルーの4,818m）。座席下には拡散酸素供給装置が設けられた。標高は西安398m，西寧2,380m，そしてラサは3,650mなのである（帝国書院「標準高等社会科地図」）。車両はカナダの航空機，鉄道車両製造のボンバルディ社による。

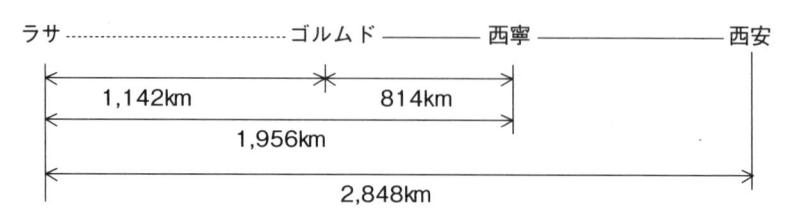

```
ラサ ························ ゴルムド ──── 西寧 ──────── 西安
    ├──1,142km──┼──814km──┤
    ├────1,956km────┤
    ├────────2,848km────────┤
```

　ラサへはすでに我が国からの観光が日常化しており，そこへ新しい魅力が加わったことになる。好シーズンには多数の旅客が訪れ，切符の入手難となろう（第Ⅷ章第Ⅱ節第1項）。建設費4,500億円は全額中央政府が負担した。

　この話題に関連して注目されるのは前述の「ランドブリッジ」構想が今後どのように進展していくかである。東アジア海岸沿い地域にヨーロッパ向けの大型コンテナが大量に発生するのであれば需要は高まる。連雲港－トゥルファン－中央アジア－ロッテルダムというルートがシベリア経由のルートと並ぶことになる。

　しかしこの種の大陸横断交通には常に政治が関与する。

　歴史を回顧すると，ヨーロッパ大陸にオリエント急行（当初はパリーイスタンブール間）が登場したのが1883年であり，富裕層の旅行に役割を果たした（1977年まで営業運転）。しかしバルカン半島への路線は，ドイツの三B政策（ベルリン－ビザンチン＝イスタンブール－バグダッド）の鉄道建設と重なっていた。

　イギリスは三C政策（カルカッタ＝コルカタ－カイロ－ケープタウン）を掲げていて，ドイツとの対立はやがて第一次世界大戦となった。

　その後の経過は周知のとおりである。鉄道技術はさらに飛躍し，多くの国で路線は延びた。しかしそれらの国では自動車，飛行機が普及し，鉄道

利用は停滞あるいは成熟の段階に入った。

21世紀初め，オーストラリアや中国では以上のように長距離鉄道路線が開通した。おそらく今後の新線は中国，インドなどに限定されよう。インドについてはムンバイ−デリー間の高速貨物鉄道の建設など，いくつかの計画が伝えられる。巨大都市を結ぶ高速新線の構想もあり，それらの技術開発が注目される。

II　今後の建設

1．需要の先行か，供給による誘発か

およそ交通路線あるいは一定区間の輸送力の設定・存続には次の三つの条件が必要である。そう着目すると19世紀以来21世紀初めまでの鉄道の供給にも説明がつく。

(1)　技術力
(2)　支払い能力
(3)　治安維持力

まず1825年ダーリントン（石炭産出）とストックトン港の路線，1830年リヴァプール（貿易港）とマンチェスター（工業中心）の路線に始まり，1869年の米国大陸横断鉄道の完成，20世紀初めのシベリア鉄道まで，あるいは21世紀初めの前項の2路線まで，すべてがそうであった。1940年に長距離の未成線が描かれたのも，誰かが(1)技術力を前提に，(2)と(3)は自分が頼みとする経済力か政治権力で解決できると信じたに違いない。

20世紀後半は米ソの対立，中国の台頭があり，中近東の抗争が続いた。世界には(1)の技術力がさらに進み，(2)支払い能力への期待が高まったものの，上記(3)治安維持力が十分でなく，中国以外ではアジアに鉄道の整備は少なく，アフリカもそうであった。オーストラリアの南北線開通にも意外に時間がかかったように見える。

なお忘れてならないのは，ヨーロッパにおいてさえ鉄道の軌間に不統一が残る事実で，その一つの理由は他国の侵略に対する防衛であった。スペ

インがフランスに対してそうであり，今日ようやくTGV路線においてはフランスと同一軌間とした。

　今後を予想するとき，技術力への不安は少ない。自然条件に対応するだけの知識は得られた。アルプスを抜ける大型トンネルを建設中であり，海峡連絡の橋や海底トンネルにも経験を積んだ。

　今後の障害は支払い能力と治安維持力であり，前者は自動車と飛行機との競争の中で考えねばならない。オーストラリアの南北線は資本主義国としてどのように判断したのであろうか。治安維持力はアジア大陸において改善の見通しはない。アフリカでもそうである。

　ここで基本論を考えると，交通に限らず，経済において，需要が先に存在して供給するのか，供給によって需要を誘発するのかの二つの場合がある。19世紀から20世紀にかけて，ヨーロッパや我が国では鉄道以前に成立していた社会に対し鉄道が開通した。これに対しアメリカ大陸では鉄道を先行させて地域を開発した。欧と米の違いは後述の，都市内の鉄道駅の位置に示されている（第Ⅶ章第Ⅰ節第1項）。

　それでは21世紀において「需要先行」の地域がどれだけあるのか，我が国はもはや，大都市の通勤対策などを除けば，その可能性は小さい。道路能力が不足し，鉄道を要請する事例はないと考えられる。

　逆に鉄道を建設して，それを自立採算させる可能性は，これは明らかに我が国には存在しない。世界の他の地域において，あるいは自然資源の発見や，大規模の地域開発計画に関連して可能性があるかもしれない。

　前出の図11，12を見ると，旅客輸送密度の高いインド，中国，貨物ではインド，ロシア，中国に鉄道建設の可能性がありうる。前述のムンバイーデリーの貨物鉄道路線がその例である。

2．鉄道建設に七つの着眼点

　自動車・飛行機の時代に今後の鉄道建設はどのように判断したらよいだろうか。着眼点として次の7項目をあげたい。

　(1)　どのような意思によるのか。

(2) 目的が明確であり，国民に支持されているか。
(3) 自立経営を可能にする経済性があるか。
(4) 計画達成の技術力があるか。
(5) 必要な空間を入手できるか。
(6) 地形地質の上で難点はないか。
(7) 諸条件が時代とともに変化していくのに対応しているか。

着眼点の第1として「どのような意思によるのか」は，今日の鉄道新線が採算困難であるだけに重要である。その責任者が欠損に対しそれを補償する意思と能力を持つのかを確認しなければならない。一体TGVの東線の建設は誰の意思によるのか。答えはフランスの政治である。鉄道企業側の意思でなされた「東海道新幹線」のような例はもはや考えられない。それは当時の国鉄総裁自身が主張し，推進し，慎重だった政治家たちを説得して実現したのであった。政治主導のその後の新幹線とは異なる（参考文献5）。

着眼点の第2は目的の明確であり，鉄道への投資が利用者・納税者の国民に支持される理由である。今日その最もわかりやすい事例に大都市の通勤鉄道があり，税金からの資金投入が多くの国で支持されてきた。西ヨーロッパにおける広域の運賃調整は自動車時代の鉄道存続への一つの解決である。

これと対比されるのがローカル線の存続の可否である。我が国では国鉄改革の際に縮小があり，地元が存続をはかった路線も維持困難な例が増加してきた。2006年には北海道の「北海道ちほく高原鉄道」（池田－北見間140km）が廃止された。

着眼点の第3は，自立経営を可能にする経済性である。東海道新幹線はそのことを数字で説明し，反対する政治を転換させた。逆に次の山陽新幹線は，経済性を確認しないまま，必要は自明であると，政治・企業が一体で推進した。しかし輸送密度が東海道の4割以下の山陽が，東海道と同一の条件では成功するはずがなかった。しかも建設費が高騰していたのである。以後，新幹線は重い負担となった。

今日新幹線は国・地方の負担で建設される。おそらく全世界のどこでも「高速新線」（新幹線並の鉄道）を自立経営で建設できる所はない。我が国にも西ヨーロッパにも望めないし，米国はもちろんそうである。

　着眼点の第4は技術力の存在である。この能力には，すでに現存の路線で技術の有効が実証されていてそのまま転用できる場合と新規の開発可能への期待という場合がある。後者には判断が分かれ，危険も伴う。我が国には1870年代の鉄道開通は前者であったし，1964年の東海道新幹線開業は後者であった。その最初の構想は250km/h運転であったのを，まず210km/hで発足した。今日高速化がいわれても，エネルギー節約の見地からいえば，300km/hの手前に最適解があると考えられる（第Ⅲ章第Ⅱ節第1項）。これは各人の判断に属する。山陽新幹線では500系は300km/h，次の700系は285km/hとした。前述のN700系は再び300km/hである。

　技術については開発への期待が高いけれども，実用可能性への配慮が肝要であり，航空における「超音速機」が陸海空すべての部門に対する警告であった。開発は成功し，実用化は失敗した。「コンコルドの誤り」の言葉が残った（1971年就航し，英仏以外の採用はなく，2003年終幕）。

　着眼点の第5は交通用の空間の入手可能性である。これはすべての産業・社会機能にいえるけれども，交通では発地から着地まで連続した空間が必要なのである。

　鉄道経営の立場では旅客駅は都市の中心に位置することが望ましく，米国では一般にそうなっていた。西ヨーロッパはそうでない場合が多い。米国では鉄道駅がまず存在し市街地が作られた。ヨーロッパではそれ以前の市街地が堅固に築かれていた所へ鉄道を導入した。我が国もほとんど後者であった。東京駅はその珍しい例外であり，たまたま都心に空地，正確には転用できる公有地があったからである。20世紀初めの蒸気運転を前提にしてなおそのように決断できた（第Ⅵ章第Ⅰ節第1，2項）。

　着眼点の第6は鉄道路線と地形・地質との関係である。地図を開けば鉄道も道路も直線区間が少ないのに気づく。列車走行の立場では発着地間を最短距離で結ぶのが理想でも，自然に対して不可能のこともあれば，経費

の制約もある。勾配は25‰以下が望ましくても，北陸新幹線では30‰，九州新幹線では35‰という急勾配を認めねばならなかった。

　鉄道線路は平地では直線でも，山間部では曲がりくねる。我が国では中央線が好例で，中野－立川間の直線の西は曲線が多くなる。山岳地帯で谷間を通るとなれば大きな回り道となる。ヨーロッパにおけるアルプス越えがそうであり，ミラノからチューリヒやジュネーヴへ行くのは困難が大きかった（第Ⅴ章第6項）。山岳と並んで低湿地が障害となるのはいうまでもない。オランダの例はすでに第Ⅰ章第1節第3項に述べたとおりである。スイスとオランダは原因が違うものの，現実に居住と交通に利用される地域は狭く限定されている。単純に国土面積と人口だけで国際比較するのは危険であり，両国の可住地の範囲は広くない。

　着眼点の第7は時代の変化への対応であり，その能力である。社会の秩序が崩壊すれば交通がまず被害を受ける。秩序の回復は交通だけの力でできることではないけれども，交通が悪影響をこうむるのを阻止しなければならない。その好例がかつてのニューヨーク地下鉄であり，秩序回復の努力がなされた。

　今，我が国で若者の行動が批判されており，現在のまま乗客が恐怖心を持ちつづけるのでは，鉄道は先細りであろう*。

　時代の変化への理解が大切なのは，その計画が主張された時代の背景についてであり，幸い未着手の計画には新時代に合わせた検討が常に必要である。その好例が我が国や西ヨーロッパの高速新線構想であり，それらは今後長く納税者の負担になる。提唱された当時と現在では事情が異なる。

　一体，新幹線などの利用者がふえているのか。計画区間の鉄道在来線はどうか。その現実を直視すべきなのである（付表14）。資金を有効に使うのでなければ，本来必要な投資が先送りされる。また資金の必要は交通部門だけなのではない。国全体の財政収支に着目すべきなのである。

＊列車内の最悪犯罪の一つは乗客が気づいても阻止できない強姦であり，ついに我が国でも2006年8月の北陸線特急における事件が報道された（読売新聞，2007年4月23日）。

3. 旅客鉄道普及の地域に2類型

かつて地球を狭く，小さく意識させたのは海運であり，さらにそれを促進したのが鉄道であった。アメリカ大陸横断の鉄道は太平洋側と大西洋側とを接近させた。

全地球を植民地化しようとしたヨーロッパ人たちは19世紀後半からシベリア鉄道・三B・三C政策（第Ⅰ節第2項）の鉄道を初め，各大陸の鉄道を計画推進した。飛行機の発達がそれに続き，人の長距離移動には鉄道の力は衰えたけれども，物の移動では世界各地の鉄道輸送はつながっている。コンテナ方式の普及は特に長距離の一貫輸送を容易にした。

ところで今日もなお外国については情報が十分ではない。また情報の入手が容易になったとしても，その情報の理解に困難が大きい。私が西ヨーロッパの事情をこまかく取り上げたのも，採用されてきた政策の実際の効果を確認するためであった。

鉄道の輸送を客貨に分けてみると，貨物輸送は一般に経済合理性が貫かれている。米国の場合は特に私企業の経営であり，自立採算性である。しかし我が国と西ヨーロッパの場合，それがどの程度に徹底しているのか，疑問が大きい。

旅客輸送については西ヨーロッパの多くの国も，米国も自立採算ではなくなった。上下分離制の有無の違いはあっても，何らかの形の公共助成がなされているように思われる。そうでなければ，ヨーロッパの高速新線の存続は困難になっていたはずである。輸送密度の小さいことは（図11）時刻表の列車本数で推定できる。

幸い今では世界の多くの地域の状況を現地で確認できるようになった。旅客輸送サービスは公開されており，この点が他の多くの産業とは異なる。

21世紀を迎えた段階で，今後も路線整備が注目され，かつその能力を持つ地域としては中国がある。他方，鉄道先進国のほとんどはもはやその必要はなくなった。あるとしても大都市交通の補強である。フランスの場合もTGV東線の建設で主要区間は終わると私は考える（第Ⅲ章第Ⅰ節第1項）。

たしかにインドなどでなお鉄道能力の不足がいわれるだろう。しかしそこに新しい方策が生まれるというより，今日までの方式の追加となるのではなかろうか。南アメリカやアフリカで鉄道投資が進展するのはさらに将来のように思われる。このように判断するのは前述のように各国の実態を比較できたからである。

　旅客鉄道普及を予測するには次の二つの項目を組み合わせると理解しやすい。

　第1は交通の発展段階の違いであり，自動車・飛行機の普及の程度より鉄道の役割が異なる。第2は対象地域の人口密度の大小である。

　まず発展段階は，我が国の経験でいえば，1960年ごろは道路輸送の力がまだ小さく，鉄道経営も自立が可能であった。1970年代以後はもはやそうではなかった。鉄道は自動車と飛行機が優先使われた後になお残る需要を相手にする。すなわち自動車と飛行機が充足できない「すき間」に対して役割を果たす「すき間」産業なのである。「すき間」の大小の程度は国により異なる（序章第Ⅱ節第3項，第Ⅷ章第Ⅱ節第2項）。

　今日多くの鉄道先進地域ではこの「すき間」が狭い。これに対し中国において鉄道整備が盛んなのは，かつての日本の1960年ごろの段階といえよう。間もなく鉄道の成熟段階が来るというのが我が国などの経験である。

　次に人口密度の大小による類型は，我が国において大都市圏とそれ以外とを見れば違いは明らかである（図10，付表13参照）。あるいは国別に見れば日本と米国は別個の類型に属する。西ヨーロッパはその中間にある。米国では旅客鉄道の自立経営は想像もできない。日本では逆に自立経営が原則である。西ヨーロッパの多くの国ではなお旅客鉄道が必要とされる。しかし自立採算は不可能となった。人口密度の高さからはインドが注目されよう。

　世界各国の状況は千差万別のようでも，これら二つの項目を組み合わせて整理すると，現在の状況と今後の可能性を理解できよう。

		交通の発展段階（すき間の大小）	
		発展途上	成熟
人口密度	高	インド	日本，オランダ
	中	中国	フランス，イタリア
	低	ブラジル	米国，カナダ

　旅客鉄道についていえば，人口密度が高いほどその必要度は大きい。交通の発展段階から見れば，成熟につれて他手段が利用される。したがって人口密度が低く，かつ交通が成熟段階の米国，カナダでは利用されない。日本やオランダは成熟段階ではあっても，人口密度が高いので，鉄道は大きく利用される。インドに鉄道建設の可能性が大きいこともこれらの類型により理解できる。

4．路線の整理と整備

　およそどのような分野，部門においても，時代の変化にあわせ，その能力の整理と新規の整備がなされる。不幸にも整理だけの場合もある。あるいは発展途上では整備一色であろう。

　一般に鉄道先進国では整理と整備が同時に進行し，やがて整備は少なくなる。日本の鉄道貨物輸送，米国の旅客鉄道は20世紀後半に大きく縮小した。それは企業として当然であったし，政治もそれに反対はできなかった。

　しかし政治と企業は，財政資金を利用して，路線の整理を遅らせ，あるいは整備を進める場合がある。その好例の一つは大都市の通勤鉄道，特に地下鉄道への投資であり，市民の反対は少ない。今一つは「高速新線」建設であり，利用見込みの小さい路線には批判が高まってきた。もはや通常の経済合理性では説明できない。

　これらはいずれも，一時は企業の責任として国民が期待し，やがて政治が分担するようになって，現在は試行錯誤の姿である。納税者の負担力には限度がある。

当面我が国では東京などの通勤能力増強と北陸などの新幹線整備を再検討しなければならない。前者は土地入手の困難が余りにも大きい。後者は利用量が余りにも小さい。

　西ヨーロッパではおそらく大都市対策の投資はほぼ終わり，高速新線は効果の大きい所は少なくなった段階であろう。例えばフランスとスペインの列車の直通がどれだけの効果を持つのか，地図を眺めただけでも，第三者には疑問が大きい。

　21世紀はこれらすべてについて決断し，選択しなければならない。すでに企業独自で可能な投資はなく，政治が主役である。

〔日欧旅客鉄道の成果〕

第Ⅴ章　"高速化"競争の半世紀

　1964年東海道新幹線の登場はヨーロッパにおける高速新線普及の契機となった。ただしそれは鉄道経営と財政には大きな負担でもあった。21世紀はさらに高速化を追求すべきかどうか。すでに限界を超えたようにも見える。すべては国民の支払い意思に依存する。

Ⅰ　TGV，ICE，ETR等の登場

1．300km/h運転の実現
　20世紀後半，世界の鉄道は，需要の拡大に対し客貨の輸送力を拡大するとともに，高速化により自動車・飛行機の進出に対抗した。
　我が国は，在来線に電車特急とコンテナ専用列車をまず走らせ，1964年には東海道新幹線を開業した。新幹線はそれまで旅客列車が，TEE（第Ⅱ節第2項）に代表されたように，最高速度100km/h台であった世界に対し，初めて200km/h台の時代を開いたのである。
　それが大きな刺激になってドイツ，イタリア，フランス，米国などで同様の努力が始まり，西ヨーロッパでは1981年のTGV南東線（パリーリヨン間）の開業となり，1990年代には独ICE，伊ETR，西AVEなどの路線が開通した。300km/h運転は1989年にTGV大西洋線で始まり，以後ヨーロッパではこの速度が普及した。我が国も山陽新幹線で500系電車がそれを採用し，1990年代には300km/h運転が並んだ。
　ここではまずこの段階に至るまでの半世紀を眺めてきた体験を述べる。ヨーロッパの交通を知るにはまずその土地を知らねばならない。そう考えて私は何回かの旅行をくりかえした。

幸い私たちの半世紀前に寺田寅彦がミラノからベルリンまでの列車旅行を鮮明に記録していた。1909年の24時間15分の乗車は，2006年にはバーゼル乗り換えで12時間59分であった。速度はそのように向上したけれども，列車の経路は当時も今もほとんど変わっていない（図14）。変わりがようがないのがヨーロッパであり，日本もそうである。2007年開業のパリ－ストラスブール間TGV東線も大きくは変わっていない。

　ヨーロッパで私が鉄道を見たのは北はストックホルム，グラスゴー，東はベルリン，ベオグラード，南はシチリア島（シラクーサ），西はダブリン，セビリアの範囲であり（図13），幸いそれぞれの地域の類型を見ることができた。今日その範囲の中で300km/h運転の路線が開通し，さらにそれ以上の高速が推進されていても，もはや変化量は小さいと考えられる。150km/hを300km/hにしたのは飛躍であり（図13），衝撃でもあった。しかし300km/hを350km/hにするのは，技術面の苦心は評価されても，営業における効果は限られる。自動車との競争力はおそらく変化せず，飛行機に対しても利用獲得は大きくない。3時間かかるのが2時間40分になって，若干の人が転移するだけであろう。

　他面，鉄道側では従来の長距離寝台列車などは整理し*，21世紀初めには高速新線を主軸にすえた体系が実現した。その経過は我が国も西ヨーロッパも変わらない。ヨーロッパの伝統文化の中で，21世紀の旅客鉄道はそのようにして永続する。私にはそう思われる。自動車，飛行機と鉄道の住み分けである**。

---

* 長距離寝台列車はなおフランクフルト－モスクワ間に動いており，ロンドン，パリからそれに接続している。パリ－ベルリン間にもある。しかしかつてハンブルク－バルセロナ間にあった寝台列車は，ストラスブール－仏西国境（Portbou）への列車にフランクフルトなどから接続し，スペインでは国境からバルセロナへの別列車の利用となった。軌間の違いを仏西国境で調整する作業は昔話になった。

** 乗用車との関係では1960年代から"car sleeper"の試みがあった。寝台車と自動車運搬の貨車とを併結し，旅客とその車とを同時に運んだ。1989年の時刻表ではその区間がなお示されていた。今は"auto/train"サービスがパリとフランス各地などで行われている。パリ－マルセイユの場合，繁忙期は毎日，閑散期は月，水，金，自動車を貨車で輸送する。運賃は専用車が繁忙期260，閑散期174ユーロである（2006年）。

列車で旅行すると，ヨーロッパ文化は意外に狭い範囲，我が国より若干広い地域に形成されたことがわかる。日欧間では諸条件が類似し，米国，中国などに対するのと違った親近感を覚える。

風景を車窓にたどり，途中の地名を覚え，距離を実感できるのは地上を行く利点である。幸い在来の鉄道路線は徒歩時代からの交通路を忠実に反映していることが多い。ヨーロッパも我が国も既存の集落を前提に，あるいは主要道路沿いに線路を建設している。その路線を我々は主要都市の一つを起点にして移動し，それが時によりパリであったりローマであったりする。

かつて古代の中心はローマであり，中世にはパリが新しい中心として登場し，近世にはロンドンがそれに加わった。さらに今日までに多数の大都市が成長した。それらを結んで交通路が形成されている。数百kmの区間は図18のように高速列車で結ばれた。

それ以上の距離ではパリ－ローマの場合，寝台列車がなお動いている。

図18　高速列車の距離と所要時間（一例）

(2006年夏)

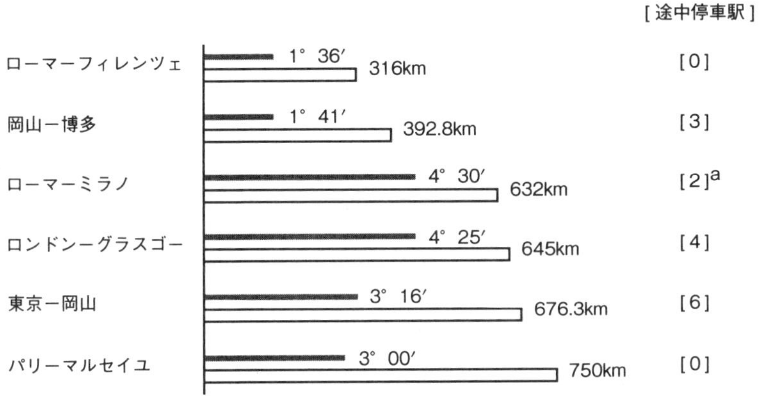

区間	所要時間	距離	[途中停車駅]
ローマ－フィレンツェ	1°36′	316km	[0]
岡山－博多	1°41′	392.8km	[3]
ローマ－ミラノ	4°30′	632km	[2]a
ロンドン－グラスゴー	4°25′	645km	[4]
東京－岡山	3°16′	676.3km	[6]
パリ－マルセイユ	3°00′	750km	[0]

(注) a フィレンツェ通過，ボローニャのみ停車は4°05′。
　　 駅間距離は日本は実際延長。外国は時刻表の表示による。
　　 パリ－リヨン427Kmは，1時間55分（途中停車なし）。
　　 東京－新大阪515.4kmは2時間30分（同4駅）。

東京から鹿児島ほどの距離である（1,400km余り）*。しかしそれらは過去の名残りのように見える。

2.「高速新線」と「海峡連絡」

ヨーロッパでは日本の東海道新幹線開通（1964年）が契機の一つとなって，まずドイツ，イタリアで高速化への取り組みが始まり，実用化ではフランスが先に成功した。

ドイツ，イタリアについては次のように記されている（「世界の鉄道」p.191, 205, 206）。

「ドイツ連邦鉄道の高速化への取り組みは早く，日本の新幹線開業の翌年（1965）には早くも在来線で機関車牽引による200km/hの運転を実現した。高速新線の着工（1973年）はフランスより3年早かったが，沿線住民の反対にあって工事は難航し，フランスTGVより10年も遅い1991年になって，ようやく高速列車InterCity Express（ICE）が運転を開始した。」

「イタリアにおける高速新線構想は，Milano～Roma～Napoli回廊での輸送力増強と速度向上を図るべく1960年代から始まった。イタリア語で「最も真っ直ぐな」を意味する「ディレッティシマ」と名付けられたこの高速新線は，フランスのTGVパリ南東線よりも早い1970年6月に着工され，1977年2月に……（ローマからフィレンツェ方向に）……122kmが完成した。しかしその後の建設は遅れ，全線が開通したのは1992年5月である。」

「高速新線において，1988年から振子式電車「ペンドリーノ」（ETR450）が最高速度250km/hで運行を開始し，イタリアはフランスに次いでヨー

＊1987年寝台列車は次の時刻であった。
　パリ（リヨン駅）　　　　18°47′発
　ローマ（テルミニ駅）　　10°05′着
　　　　　　　　　　（15時間18分）
2006年はパリ（ベルシー駅，リヨン駅に隣接）19時00分発，ローマ9時42分着（ピアチェンツァ経由）である。それでも14時間42分であり，20年後も時間は余り変わらない。

ロッパで2国目の高速鉄道保有国となった。」

　フランスは高速化の研究ではすでに1955年に331kmを記録し，我が国の新幹線実現に大きな刺激を与えていた。新線への着工はドイツ，イタリアより遅かったけれども，1981年9月の開業はヨーロッパでは最初となった（パリ－リヨン間，TGV南東線，当初の最高速度は260km/h）。その後，次々に新線を開通させ，2007年パリ－ストラスブール間の第1期工事（パリよりの大部分の区間）を完成し，6月10日開業では最高速度320km/hが使用された。パリ－ストラスブールを2時間20分，同フランクフルトを3時間45分で結ぶ。仏，独の列車が走る。

　ヨーロッパでは主要都市間の高速列車網は以上のように進み，さらにその拡大が計画されている。各国は互いに競争し，協力してきた。

　ヨーロッパにおける高速化の経過を要約していえば，フランスはパリを中心に路線を拡げ，パリ－マルセイユ間（時刻表表示の営業キロ750km）などを開通させ，またロンドンやベルギー・オランダ・ドイツへの路線を整備した（第3項）。

　ドイツは国内各都市を結ぶ路線の重要区間を新線により高速化した（第4項）。時刻表の上ではロンドンからベルリンへ朝8時39分に出発し，21時08分到着も可能である（2007年1月）。

```
ロンドン          ブリュッセル              ケルン            ベルリン
0839発 ─────── 1223着               1649発 ─────── 2108着
     （時差1時間）   1322発 ─────── 1545着

（ウオタールー）    （ミディ）              （中央駅）          （中央駅）
```

　スイスではベルン北部から北東に45kmの高速新線が開通し，ベルン－チューリヒの時間が14分短縮した（ベルン－チューリヒ間122km）（第Ⅰ章第Ⅰ節第3項）。

　イタリアではローマ－フィレンツェ間の新線が有名である（両都市の「中央駅」間316km）。1990年ごろ2時間余りであったのが，今は1時間36分となった（ローマ－ナポリ間214kmは1時間53分）。

ロンドンと大陸との連絡を1990年ごろと比べると，当時はロンドン－ベルリンはロッテルダム経由で時差1時間を引き20時間50分であった。実際に利用者がいただろうか，いてもごく少数だっただろう（オステンド経由もあった）。1994年ロンドンと大陸とは陸続きになった。ただし陸路が長いので，ロンドン－モスクワは最近でも時差3時間を引き1日と17時間40分である（2006年夏）。

　スペインでは標準軌の高速新線AVE*が1992年マドリード－セヴィリヤ間471kmに開通し，現在は2時間20分である（コルドバ停車は2時間30分）。在来線は広軌のため，既設区間への直通運転はない。新線はマドリード－バルセロナ間も大部分が開通し（設計速度350km/h，在来線とは列車の軌間を変換する方式により列車は直通する（マドリード－バルセロナ間612km，最速4時間15分，序章第Ⅱ節第4項）。

　山地の多いスペインにもこのような改善努力がなされてきた。

　それでは現在までの以上の努力から今後にどのような展開が予想されるか。

　まず第1に可能性として石油資源争奪に伴い鉄道の見直しが強調されよう。しかし鉄道路線は西ヨーロッパではほぼ普及し終わっており，石油を理由に新規に要請される路線はおそらくゼロであろう。

　第2に道路や空港の混雑に対して鉄道への転移をはかる議論があるかどうか。かつて都市内の地下鉄建設がそうであった。また今後の「路面電車」論にもそれが含まれるかもしれない。

　しかしこれら二つの主張に対して，需要の大きさを証明できるかどうかは，最近の実績から見て疑わしい。

　何よりも重大なのは鉄道投資の巨費に見合う利用量が得られないことで，そのことはすでにユーロトンネルで実証された（第Ⅲ章第Ⅰ節第2項）。他の高速新線もそうなのである。土地が平らで建設費が安いとはいっても，時刻表から見て経営難を推測できる。

＊AVE＝Alta Velocidad Española＝Spanish High Speed

ユーロトンネルの経営は開業前から危ぶまれていた。客貨両面の利用があるとはいえ，この大投資を民間経営として行い，自立採算で存続できるという期待に無理があった。ただし一般にヨーロッパの高速新線は鉄道事業全体の収支に包含されていてその事業自体の収支は第三者にはわからない。事情は我が国も似ている。

　さらに海峡連絡の例としては，コペンハーゲンと東西の陸地を結ぶのが長年の夢であり，島々を結ぶので「渡り鳥ライン」と呼ぶべき路線であった。デンマークには西からユトランド半島，中間にフュン島があり，東に首都のあるシェラン島があって，さらに東がスカンジナビア半島である。これらに介在する三つの海峡を渡る路線が逐次開通し，2000年に完成した（第Ⅰ章第Ⅰ節第4項）。

　それによって首都とデンマーク西部地域との交通が改善された。またコペンハーゲンからストックホルムへはかつて8時間以上であったのが，全区間の改善により5時間あまりに大幅な短縮となった。

　これらの海峡連絡線には島の側の人びとによる要請が感じられる。しかし，それが実現したからといって，利用量は多くない。航空の時代には特にそうである。

　イタリアでは本土からシチリア島への客車航送が行われている。メッシナ海峡の両端駅間に1時間余りかかる（航路を含む鉄道路線の距離は9km）。直通のため架橋がしばしば話題になる。計画では全長5.3km（中央径間3.3km）の鉄道道路併用橋が伝えられる（「世界の鉄道」p.205）。

　西ヨーロッパは米国とともに世界で最も早く鉄道を開通させ，鉄道路線は高密度に普及した。他の手段が発達したのに対し，さらに高速化の努力がなされつつあるけれども，その効果の大きい区間はほぼ完了したように見える。

　今後の変化は特定の区間に何らかの理由で需要が急増するか，あるいは何かの技術が速度向上か経費節減をもたらす場合である。技術面の試みとして，一時はリニアモーター利用による超高速が期待され，ドイツでは特にその努力が続き（第Ⅲ章第Ⅱ節第1項），空港連絡への利用も検討されて

いる。今日「高速新線」の追加はなお推進されているけれども，需要の大きい区間にはほぼ行き渡ってきた。次項のフランスがそのことを示す。

3．フランスTGVが示す速度への"本能"

同じ高速化といっても，我が国とヨーロッパでは事情が違っていた。

フランスがパリ－リヨン間のTGV路線を開通させたのは1981年であり，10年後にドイツがハノーファー－ヴュルツブルク間等のICE路線（後述図19）を，さらにその翌年イタリアがローマ－フィレンツェ間に高速新線（"ディレッティシマ"）を完成した。

1964年開通の東海道新幹線の経験からはこれらの進みに輸送力不足への対策というより，"高速化"の本能といった実態を感じる（序章第Ⅱ節第4項）。東京－新大阪間では1950年代に輸送能力の不足が深刻であり，その解決のためにまず何より路線増設が必要であった。せっかく作るのであれば，可能な最高の速度にしようというのが「新幹線」計画となった。この発想は1940年ごろの計画にさかのぼり，当時すでに「新幹線」という用語が使われていた。線路の増設が主目的だったのである。

前述のように戦後まず鉄道高速化の可能性を実証したのはフランスであった。1955年に時速331kmの試験成績を示したのである。

しかし当時フランスではこの方式による200km/h以上の高速化は「エネルギー消費が課題で経済的に成立しない」（沢野周一氏の記述）との見解であった。その後日本の状況を見て，1970年に高速化を計画した段階でも，「ガスタービン機関の利用」をも研究した。その後日本の経験も参考に現行の方式に決まった。高速化投資の検討になおフランスが時間をかけたのは，パリ－リヨン間でも投資の必要が東海道のように切迫していなかったからであろう。

我が国の目から見てふしぎだったのはパリの発駅の能力をそのままにして途中の路線だけを追加していく手法であった。このことはリヨン方向へのリヨン駅，リール方向への北駅に特に指摘できた。発着能力に余裕があるのか，それとも輸送量の増加が小さいのか。結果から見てそれら二つで

あったように思われる。高速ではあっても，利用は東海道より少ない＊。

　それなら誰が経費を負担するのか。この疑問は今も解明できない。おそらく同様の疑問を外国人は青函トンネルなどに感じているだろう。日本人自身にも事情は不明である。外国については速度のような技術の数字は明らかでも，経営の実態は把握しにくい。パリからリヨンに何本の列車が走っているのだろうか。

　東京駅では到着列車をホームで清掃してそのまま旅客を乗せる。パリではそうは見えない。したがって空車列車の回送が多いと推定できる。

　またヨーロッパでは，TGVなどが在来線に乗り入れ，複雑な運行をする。そのため線路容量が限定されているに違いない。

　さてそれではフランスがヨーロッパの他の国々よりも早く高速新線を整備したのはなぜかと考えると，能力を道路・航空への競争力強化に使用したのではなかろうか。事実，同国の鉄道旅客輸送量は増加している。

　まず第二次世界大戦において仏と英は戦勝国であった。その中で内陸国型のフランスの方が鉄道への依存度が大きかった（付表2）。

　次にドイツ，イタリアとの違いは，パリが国の中央に位置し，かつ人口規模が大きかったことであり，パリへの路線を強化する理由が説明しやすかった。ただしそうはいっても，東京－大阪間の方が説明ははるかに容易だったのである。

　鉄道を整備する能力には鉄道内部の専門能力と同時に，国民の経済力が重要であり，かつその経済力から鉄道投資を引き出す政治力が不可欠であった。戦勝国のフランスにはそれらの能力があり，東西分裂のドイツでは困難が大きかった。ドイツでは東西統一後にすべてが急速に進み，潜在能力がいっきに開花したように見える。イタリアでは高速化の努力は前述の振子式電車（ペンドリーノ，ETR）の開発をもたらした。山地の多い国の成果である。

　＊TGVの利用全路線合計は2001年377億人キロ。東海道新幹線は405.7億人キロであった。

経過を以上のように眺めて，次に現在の数字を見てみよう。すでに付表1に示したとおりヨーロッパ4国の営業キロは我が国と比べて納得できる。ドイツは人口が多いので営業キロは長い。フランスには国土の広さが反映する。イギリス，イタリアが短いのは国土の大きさと内陸国でないという二つの理由で説明できる。

　それでは鉄道利用状況はとなると，旅客は日本に比べて驚くほど少なく，貨物も一般に思われているほどには多くない。イギリス，イタリアは日本に似ているし，内陸国のドイツでさえ，日本の4倍に達しない。

　フランスのTGV路線整備は周辺諸国への拡大を前提に進められた。すでにイギリス，ベルギー，そしてベルギーを介してオランダ，ドイツへ，またスイス，イタリアにも列車が乗り入れている。パリーージュネーブ間3時間20分余り，パリーーミラノ間7時間弱である。スペインの高速新線とも将来直通することが予定されている。ただし当面実現の見込みはない。

　我々第三者にはこれらの長期構想が需要及び技術進歩にどのような予想を立てて推進されてきたのかはわからない。かつて日本の政府や国鉄の需要想定は1950年代には慎重だったのが，70年代初めには過大に陥った。成長時代の輸送量増大と技術革新の成果を眺め，将来もその延長と予定したのである。あるいは投資推進のため予測をそのように誘導したといえる。

　フランスとその周辺の国々に同じ傾向がないだろうか，というのが21世紀を迎えての我々の心配なのである。我が国は他国の計画に引きずられやすい。

　注目されるのは最高速度を今以上に引き上げるのかどうかである。すでに（300＋X）km/hの時代に入った。しかし環境と資源保全の立場からいえば，この段階の速度向上による時間節約効果とそれに伴う不利益とをよく見比べる必要がある。フランスにも路線拡大と速度向上には限界があるはずである。

　高速化に関する情報は次々に入ってくる。しかし沿線に人家の少ない国と多い国とでは，高速にできる程度が異なる。我が国にも高速化の研究はあるけれども，諸条件の違い，効果の違いを忘れてはならない。

ここで日本と英独仏3国の輸送機関別の人キロ，トンキロを見ると，人キロにおいて3国の鉄道の分担率は10％までであり，日本は32％（うちJR，20％）と鉄道国である（図7A）。

我が国の場合，新幹線人キロは779億でJR合計人キロ2,460億の31.7％であった（2005年度）。フランスではすでに2001年，SNCFの年間人キロ735億においてTGVは377億（51.3％）と大きかった。ドイツは2005年ICEは208.5億で，ドイツの鉄道DB全体725.5億の28.7％である。我が国の新幹線の比重に近い。

ここで今一度，速度に関し経過を要約し，将来について述べておきたい。

2007年6月10日，パリ－ストラスブール間の東線の新線区間（パリ東部－メス南東）において320km/hの高速が使用され，鉄道は（300＋X）km/hの時代に入った。TGVの発足は1981年9月22日，パリ－リヨン間（TGV南東線）においてであり，260km/hであった。25年余りでこれだけの進歩を遂げたのである。

すでにドイツでは電車形式のICE3において設計最高速度330km/hが採用されていた（2004年）。中国では北京－上海間に350km/hが計画されている（2010年完成）。

最高速度の記録としては1990年TGV大西洋線において515.3km/hがあり，2007年4月には東線で574.8km/hが達成された。日本のリニアモーターカーの581km/hに近い。

しかしそのような速度による営業が利用者あるいは納税者が負担する費用に見合うだけの効果を持つか，が問われるのである。著者にはフランスなどの鉄道もまた「コンコルドの誤り」（第Ⅳ章第Ⅱ節第2項）を犯していると思われる。

4．ドイツICE路線網の整備

地図（図19）は知りたかった情報を簡潔に伝える。

国民が全領土に分散して住むドイツは，フランスと違って国外の者には鉄道路線の重要度に判断がむずかしく，そのドイツに高速列車ICE（Inter

図19 ドイツの高速新線

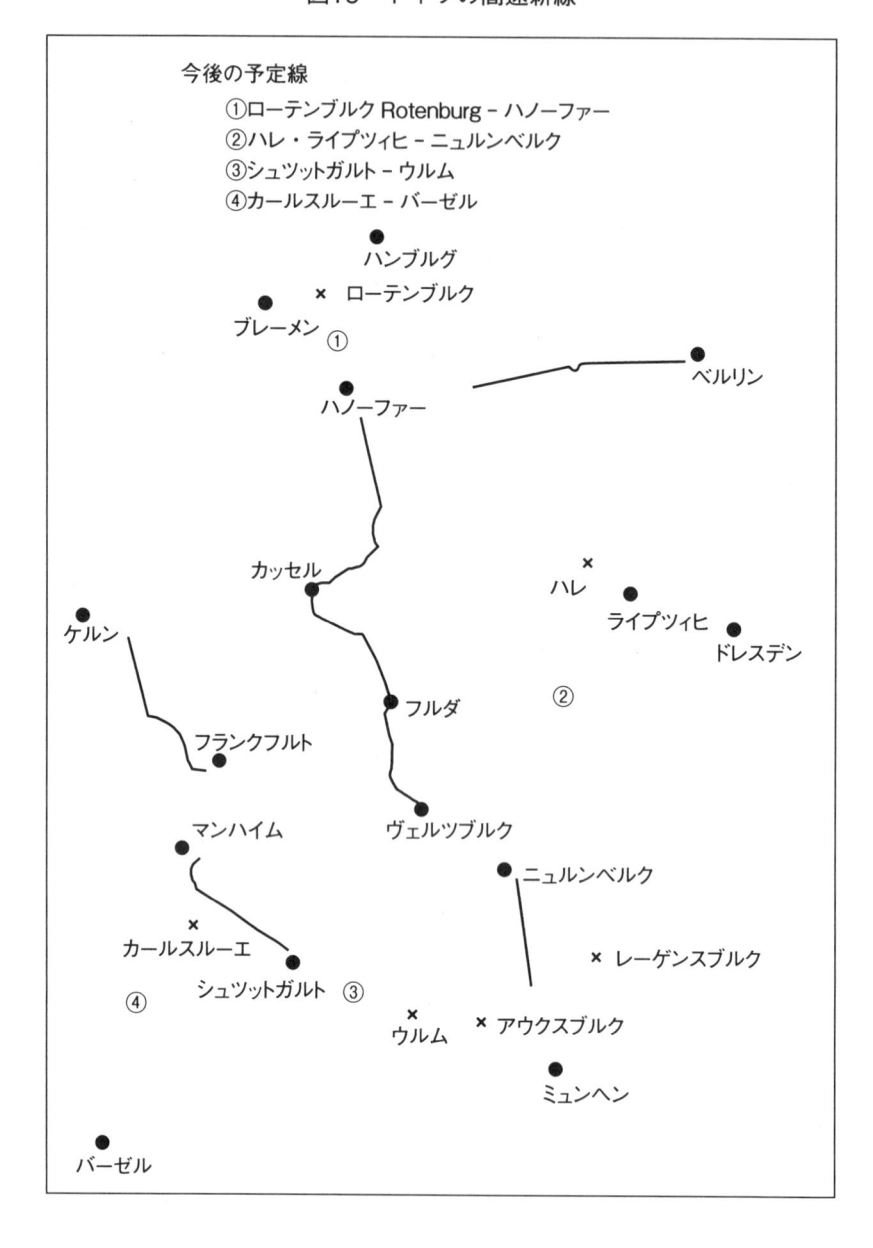

今後の予定線
①ローテンブルク Rotenburg – ハノーファー
②ハレ・ライプツィヒ – ニュルンベルク
③シュツットガルト – ウルム
④カールスルーエ – バーゼル

ハンブルク
× ローテンブルク
ブレーメン
①
ハノーファー
ベルリン
カッセル
× ハレ
ライプツィヒ
ケルン
ドレスデン
フルダ
②
フランクフルト
ヴェルツブルク
マンハイム
ニュルンベルク
× カールスルーエ
× レーゲンスブルク
④ シュツットガルト ③
× ウルム × アウクスブルク
ミュンヘン

バーゼル

City Express）が走る区間はとなると，特に明示されなければわかりにくい。フランスであれば，それがまずパリーリヨンであろうと予測がつく。ドイツでは，ベルリンとフランクフルト，ベルリンとミュンヘンをどう結ぶのかと疑問が出る。図はこの疑問に答える。ICEが走った最初はハノーファー－ヴュルツブルクとマンハイム－シュツットガルトであった。巨大都市からではなく，またドイツにはそのような巨大都市は存在しない。

　2006年5月28日，ミュンヘン－ニュルンベルク間171kmの高速線（ICE"バイエルン線"）が開業し，両都市を約1時間で結ぶ。うち新線89kmは300km/h，改良線82kmは160〜200km/hの最高運転速度だという。このように最高速度を組み合わせるのが「ヨーロッパ」流の解決といえる。日本と違って既設駅も有効に利用できるのがその利点である。我が国は発着施設も線路も新設という意味で「新幹線」と定義し，ヨーロッパは列車の高速に着目した。彼らにはICEをどう走らせるかが重要なのである。

　図においてミュンヘン－フランクフルト間は従来シュツットガルト経由であったのに対し，今度はニュルンベルク経由が時間短縮になるという。

　ドイツの都市は地形との関係では次の地域分布となる。

（1）南部のドナウ川地域　ミュンヘン，アウクスブルク
（2）西部のライン・マイン川地域　ケルン，フランクフルト，ヴュルツブルク，ニュルンベルク，シュツットガルト
（3）中部のウェーザー川地域　図のヴュルツブルク－ハンブルク路線の中間（都市としてはカッセル，ハノーファー，ブレーメン）
（4）北部のエルベ川地域　ライプツィヒ，ベルリン，ハンブルク

　海岸沿いに大都市が分布する日本の交通体系とは全く異なる。東海道のような帯状の人口集中はない。したがって鉄道各路線に交通量が分散する。しかし各主要都市を最短時間で結ぶ必要は大きい。ICE（都市間急行）という名前はまさにその使命を表わす。

　ICEが主要都市を結ぶ所要時間はフランクフルト，ハンブルク，ベルリン，ミュンヘンの4都市について，次のとおりである（2006年時刻表における一例）。

Frankfurt	Hamburg	3°52′	（Fulda 経由）	［4°38′］
	Berlin	3°36′	（Fulda 経由）	［7°46′］
	München	3°25′		［4°08′］
Hamburg	Berlin	1°36′		［4°18′］
	München	6°00′		［6°39′］
Berlin	München	5°49′		［9°40′］

［　］は東西統一前の一例。1989年2月。現在はベルリンとの往復が大幅な短縮。

多くの区間に飛行機との競争を思わせる所要時間である。なお序章第Ⅱ節第4項に述べたフランクフルト－ケルン間は1989年には2時間18分であったのが，今は1時間11分となり，注目される。

さらに各国の努力は高速化への国際協力に発展した。次節にそのことを述べる。

Ⅱ　協力と交流

1．高速化進展

　西ヨーロッパが旅客列車の速度向上に払ってきた努力は，旅行のつどにうかがわれた。ドイツへ何かの形で行ったのは1965年から90年までに11回であり，まず重いかばんを網棚にあげたコンパートメント方式の客車やフランクフルトからバルセロナまでの寝台車が思い出される。この25年間にヨーロッパの鉄道全体が，在来方式の改良型（例，TEE）から，全く新しい「新幹線」型へと脱皮しつつあった。私の旅行のすぐ後にICE列車が登場し普及した。今は主要都市間の移動にはそれが多用される。

　90年はその直前の路線を

　　ベルリン－ハノーファー－ミュンヘン－フランクフルト（マイン）

　　－デュッセルドルフ－パリ

と全行程を列車で通した。高速化以前の実例として発着時刻を示すと次のとおりであった。すでに完成したICE用路線を列車が通過した区間もあった。

(参考)
2005年5月の一例

ベルリン（ツォー駅）	0811 ⎞	0856 ⎞
ハノーファー　着	1201 ⎠	1028 ⎠
ハノーファー　発	0745 ⎞	0726 ⎞
ミュンヘン　着	1306 ⎠	1214 ⎠
ミュンヘン　発	1247 ⎞	1226 ⎞
フランクフルト　着	1716 ⎠	1608 ⎠
フランクフルト　発	1147 ⎞	1100 ⎞
デュッセンドルフ　着	1429 ⎠	1239 ⎠
デュッセンドルフ　発	0747 ⎞ a	0725 ⎞ b
パリ（北駅）	1341 ⎠	1205 ⎠

(注) a ケルン，アーヘン，リエージュ，ナミュール経由。
　　 b ケルン乗り換え。ブリュッセル経由（Thalys）。

　当時の行程を現在と比較すると，東西ドイツ統一後に，ICEによりいかに高速化が進んだかがわかる。

　1945年以降の戦後復興において日欧ともにまず能力の回復，次に他手段への競争力強化に努めた。ヨーロッパでは国際協調が肝要であり，Trans European Express（TEE, 1957年運行開始）が国境を越えて運行された。しかしこのTEEの速度（最高速度160～200km/h）では道路や航空機には競争力が弱く，かつ優等客を相手にした1等車のみの編成であり，80年代に退場していった。当時は航空旅客は高所得層と考えて防衛を計画したのであろう。次はTGVなどの時代となった。

　国際間の協力としてはロンドンとパリ・ブリュッセルとのユーロスター（"Eurostar"）やパリとベルギー・オランダ・ドイツ間のタリス（"Thalys"）などの列車が始まった（"Thalys"は特別の意味を持たない造語）。

　パリ－ブリュッセルの距離（Thalys以前312km）では1993年なお2時間29分であった。2006年はThalysにより1時間25分である（営業キロは時刻表では今も312km）。

2. 仏独に交通体系の違い

　高速化という目標では各国の鉄道が一致しても，現実の交通体系にはそれぞれの特色が反映する。地形と人口分布などが異なる以上，それは当然といえよう。

　すでに見てきたとおりTGVはパリを中心とした路線網を形成する。ドイツにはそのような大中心がない。パリを拠点にした絶対王政の歴史の国と，複数の王国が併存し，ようやく19世紀後半に統一された国との違いである。しかも鉄道が3時間以内で主要都市を結ぶ配置ではないため，航空の比率がフランスよりも高い。その分だけドイツでは鉄道の分担率が低い。付表2，3にはそのことが示されている。

　貨物輸送においてはドイツにはライン川などの内陸水路の役割が大きく，鉄道の分担率はフランスより若干低い。ただし人口が多く，製造業の盛んなドイツの鉄道輸送量はフランスの2倍に近い。

　ドイツの鉄道路線は主要都市を最短距離で結ぶ形にはなっていない。そのことをすでに寺田寅彦が体験していた（第I節第1項）。

　1909年5月ジェノバ上陸の寺田寅彦はミラノへの列車に3時間（今は2時間）乗り，宿泊した。

　翌5月5日ミラノを7時20分発の列車（ベルリン行きのD-zug）はサンゴタルド・トンネルを経てルツェルン，バーゼルを行く。カールスルーエでは「すっかり暗く」なり，フランクフルトには22時（今は8時間半ほどで到達，図14）。

　そこからフルダを通りベルリンのアンハルター駅（当時南方面への主要駅，1952年5月17日廃止）に翌朝7時35分に着いた。その24時間15分は当時としては最大の努力であり，ベルリンへ南方からの到着であった（今は昼間直通列車はフランクフルト－ベルリンを4時間11分，本数は1時間に1本，最速は3時間56分で結ぶ）。さらに高速新線の追加により航空への競争力を増加したいという区間である。現状では鉄道の不利はかくせない。

3. 日・欧・米の特色

　本書において特に力を入れて比較したのはこの40年余り私が眺めてきた西ヨーロッパと日本である。我が国には何かといえばアメリカを持ち出す議論が多い。特に1960年代まではそうであった。日本を占領した国と次には同盟国となったのだから，ふしぎではない。

　しかしその個性尊重の自由主義も，その経済学も広大な国土を前提にしていた。国土が狭く，人口密度が非常に高い日本にはこの地理条件を考えただけでも，アメリカは異質の国であった。

　また，国土形成の大部分が鉄道時代になってからのアメリカと，それ以前に100万都市の江戸を形成していた日本では歴史の蓄積，その拘束力が違っていた。

　交通手段の選択は特に土地入手の可能性を前提にする。山国で島国の日本は，土地の大部分が平らなヨーロッパと比較しても，この点では不利である。しかしヨーロッパ各国の方がそれぞれの国土面積と人口規模，それに歴史遺産の集積において我が国と相通じる。

　アメリカでは都市も国土も鉄道によって開発されたから，都市の形態は鉄道駅を中心部に取り入れていた。日本もヨーロッパもそうではない（東京駅は第Ⅵ章に述べるように例外）。次に自動車時代になってアメリカはヨーロッパよりもはるかに多くの利益を自動車から得た。広大な国土に分散する人口は当初から馬車か自動車かの生活であった。

　さらに飛行機はアメリカの方により大きく影響した。長距離旅客列車はヨーロッパでも整理されたけれども，なお残っているのに対し，アメリカではほぼ消滅した（付表2参照）。

　第二次世界大戦後の過程では，アメリカは戦勝国であり，国土はほとんど無傷であった。ヨーロッパでは英仏も独も，荒廃した国土において新時代の交通体系を作らねばならなかった。それはまず鉄道の既存能力の復活，高速道路や空港の整備であり，さらに1980年代には高速新線の追加であった。貨物のための港湾建設もあった。我が国と時期のずれがあったとはいえ，方向は似ていた。

ただし，アメリカほどに土地は広くなくても，ヨーロッパは交通施設整備に土地入手が制約になることは少なかった。我が国とは異なる。

交通体系として比較すると，西ヨーロッパは日本とアメリカの中間にある。我が国では鉄道において貨物の比重が非常に小さい。逆にアメリカでは旅客の鉄道利用は大都市圏内に限られている。ヨーロッパでは客貨両面の利用が続く。

鉄道経営で見れば，アメリカは貨物鉄道企業は自立経営であり，収支均衡の範囲内で輸送が行われる。逆に我が国では旅客輸送が原則としてそうである。ヨーロッパはおそらくいずれも赤字であろう。例外は前述のようにスイスであり，最近ドイツも経営が改善された。

21世紀初めまで西ヨーロッパが実現した交通体系を見ると，各国の計画に対しEUとしての計画が前提に存在した。しかしEUの発展のために鉄道路線を整備するというのは机上のきれいごとに過ぎない。おそらく現実には各国がその計画を持ち寄り，広域計画として接続したように思われる。

飛行機の時代に道路も鉄道ももはや数百km範囲の手段である。しかもロンドン－パリでさえ鉄道新線は高価に過ぎた。空港能力の不足が深刻だった東海道とは事情が異なる。

我が国でもそうであるように，陸海空の交通施設整備ではヨーロッパも最終段階に来たように思われる。今後の追加能力はおそらく利用効率は低い。肝要なのは過去の計画を現在の状況に基づいて再検討することである。

4．日欧の交流

我が国はヨーロッパの鉄道から多くを学んだ。ヨーロッパから見れば，当初はいわば「開発途上国」の一つへの指導あるいは利益目的の投資というくらいに思っていたに違いない。地理条件と国家の広さが日本に似ていたから，その輸送経験は日本に有効であった。

我が国は1872年開通時の最初の技術をイギリスから学んだ後，自主独立への努力を続けた。しかし戦前も戦後もヨーロッパから学ぶことが多かったのである。19世紀後半には電気運転においてドイツが先行し，さらに20

世紀に入ってディーゼル運転においてもそうであり，ドイツの影響が大きくなっていった。

　当時のドイツは英仏に対する新興国であり，鉄道輸送には英仏と異なる方式を採用した。その好例がベルリンの鉄道路線網であり（次章第Ⅱ節第2項），国有鉄道による環状運転が行われた。それが当時の東京の路線計画に影響したのである。また東海道線の始発駅を東北線など各方面への始発駅とする「構想」もいわば「ドイツ方式」であった。

　さらに地下鉄道建設にもドイツの技術が注目され，東京の銀座線の建設にはドイツ人技師を招いた（1924年）。

　第二次世界大戦では日独だけでなく，英仏の鉄道も大損害を受け，1950年代までは荒廃からの復興であった。1960年代のイギリスでは廃棄される貨車がなお並んでいた。

　次にヨーロッパ大陸では飛行機の進出に対し，国際列車運行の協力が一段と進められた（第1項）。しかしこのころから航空の優位が明らかになり，また道路整備により自動車の力が強くなった。それは我が国も経験したことである。西ヨーロッパの移動距離は日本列島と似ていたのであり，日本の経験からヨーロッパの状況，鉄道の受けた打撃を推測できた。

　戦後は英仏独の中で，敗戦国のドイツ，島国のイギリスに対しフランスが鉄道技術の開発において一歩先んじた。交流電化方式を進歩させ，高速化の新記録に成功したのはまずフランスであり，我が国もそれに学んだ。我が国は東海道に線路増設の必要が迫り，新幹線という形で「高速新線」を1964年に実現できた。フランスのパリーリヨン間のTGV運転は1981年と17年遅かった（第Ⅰ節第3項）。しかしフランスはその際日本よりも高速を実現し，やがて300km/h運転を採用した。

　西ドイツも鉄道技術の開発に力を入れ，東西ドイツが統合された翌年にはICEの営業を開始し，300km/h運転に到達した。我が国も山陽新幹線ではそれを実現した。

　戦前はヨーロッパから技術を学ぶだけであった日本は，戦後は相互に協力し競争する関係に入った。しかし我が国は貨物輸送では標準軌のヨー

ロッパ鉄道のような輸送力は持ち得ないし，また沿岸航路に恵まれた島国なので，大量物資の鉄道依存は少ない。内陸国型のドイツとは特にこの点で違いがある。ただしヨーロッパも米国のような大量輸送方式ではない。大型コンテナの2段積輸送にはトンネルの大きさが支障し，また長大の石炭列車は育たなかった。

　ところで鉄道の経営面についていえば，ヨーロッパは一部の国を除けば日本のような高密度旅客輸送ではなく，また米国並の大量貨物輸送でもないので，自立経営は困難となり，1988年のスウェーデンから始まって多くの国が上下分離方式を採用した（第Ⅰ章第Ⅱ節第1項）。その趣旨には道路を行くバス，トラックと同様に，鉄道線路を各輸送会社の列車が自由に運行できるとするオープンアクセスも含まれていた。たしかにこの方式は普及してきたけれども，客貨輸送量増加というほどではない。上下分離ではないスイスもそれは採用した。

　上下分離以後に各国の鉄道経営が効率よく行われているかどうかの確認にはなお時間を要する。我が国ではJR貨物と旅客は上下分離の関係にある。ただしその線路使用料の額が適切かどうか，議論が分かれる。

　今日JRの本州3社は株式の売却を完了しており，おそらくこの姿は西ヨーロッパには今後もありえないだろう。我が国の旅客鉄道では，青函トンネル及び整備新幹線を除けば上下分離方式が採用されることはない。

　日欧の経営を比較した結論として，輸送密度の重要性は今後も変わらない。スイス，ドイツは客貨両面において，日本，オランダは旅客において有利さを維持できよう。ただしすべては政治の態度に依存する。そのことは第Ⅹ章において今一度述べる。

第Ⅵ章　中央駅の設定
―東京とベルリン

　ロンドンには「ロンドン駅」はなく，パリには「パリ駅」はない。東京には1914年以来「東京駅」があり，ベルリンには2006年「ベルリン中央駅」が誕生した。鉄道を見る三つのキーワード（序章第Ⅰ節第2項）のうち「(2)営業拠点の設定―主要駅の配置」に関する取り組み方の類型がそこに示されている。キーワードの他の2項目の実例は前章に示したとおりであり，西ヨーロッパ地域の特色，その高速化への努力は我が国とのよき比較例といえる。

Ⅰ　東京駅の誕生

1．112年も昔，ベルリンから東京への提言

　今日，東京とベルリンは全国鉄道網の企業が30数kmの環状線を持つ大都市として対比される。しかも両都市は「中央駅」を設定している（かつて東京駅は開業前は「中央停車場」とドイツ流に呼ばれていた）。二都市は歴史の上でも交流があった。

　東京ではその中央駅ともいうべき「東京駅」の丸の内側の駅舎（赤れんが）を創設当初の姿にもどすべく工事計画が進められている。ベルリンでは後述のように2006年中央駅が開業した。

　ヨーロッパではドイツなどの大都市には中央駅という表示の駅がある。しかし戦前はベルリンにはその名の駅がなかった。東西分裂の時期には一時東ベルリンではオスト駅に中央駅の名が付けられた（第Ⅱ節第4項）。西に対立する意識があったのかもしれない。

　ドイツ人の考えた「中央駅」（Hauptbahnhof, Hbf）は，①都市の中央

に位置し、②都市発着の全列車がそこに集中し、③列車はそこで折り返さずに貫通するという発想に基づく。したがって現在の東京駅において各新幹線がそれぞれの方向に折り返すのと異なり、東海道と東北などの列車が直通するのを原則とする。その方が効率がよい。

　ベルリンでは20世紀を通じて、「中央駅」はついに実現には至らなかった。せっかく環状線や東西線を持ちながら、ロンドンやパリと同様に方面別に始発駅を置き、折返し方式をつづけた。

　1990年東西の統一があり、名実ともにそういえる駅を持つのがドイツ人の願いであっただろうし、戦前特に重要だった駅の位置にそれが作られたのである。その高架部分に東西方向、地下部分に南北方向と一部の東西方向の列車が発着する（第Ⅱ節第1項）。

　ところで東京湾に面し、東海道線が海岸沿いであった東京と、内陸に広がっていたベルリンとでは、環状線と中央駅の関係が図20のように異なっていた。鉄道開通の当初から東海道線は環状線の一部となるべき位置にあった。

　これに対しベルリンは、各方面への路線が都心部周辺のターミナル駅から外側に開通し、それらの連絡用に路線が作られて環状となり、東西には都心部付近を通る路線が建設された（後述図23）。

　両都市ともこれらの路線の形成は、多分に歴史の積み重ねであり、その

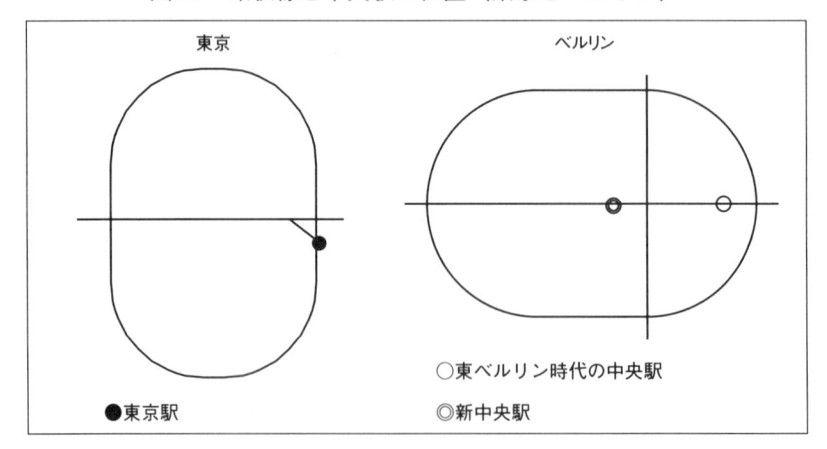

図20　環状線と中央駅の位置（東京とベルリン）

ある段階で計画者の意思が加わった。まず先行のベルリンがそうであり，東京もそうだったのである。東京には19世紀末から20世紀初めにかけ，ドイツ人専門家二人の勧告があった。その一人（バルツァー）が1903年に公表した論文には図21のようにその提案が示されている。

当時すでに現東京駅の位置（図では永楽町）まで新橋から路線を延ばし，ターミナル駅を置くことになっていて工事が進んでいた。北の方には上野－秋葉原間の貨物線があった（1890年開通）。秋葉原付近は，江戸時代からの商業地区であったからである。その路線沿いに線路を建設し，南北を結ぶ案が示されている。

ただしここに飯田町－秋葉原以東の実線が描かれている意味は私にはわからない。飯田町から点線で「永楽町」に向かうのは，当時の甲武鉄道の願いであったに違いない。また総武線からの点線も，やがて20世紀後半に実現した。すでに20世紀初めにこのような提案があったのである。

上野と新橋を結ぶ提案は1890年代半ばに今ひとりのドイツ人（ルムシュッテル）によってなされていた。1895年に東海道線を前述の図の永楽町まで延ばすことが決定するのを受けたのであろう。

ところでこれらのドイツ人たちの提案には二つの問題があった。その南北線がれんが使用の高架の構造物であったことが第一，東京－上野間の用地買収が可能と考えたのが第二である。

既成市街地を高架の構造物で分割するのはパリやロンドンでは支持されなかったことであろう。その後今日まで，神田－新橋間では都市景観が破壊されたままであり，地区内の道路交通が不便である。ドイツ人の発想は鉄道重視に偏向していた。

用地買収の方は難渋した。1903年論文では安易に次のように書かれていた。権力主義のむき出しであり，当時のドイツ人の日本への理解不足を示していた。

「新橋－上野間を結ぶ鉄道路線の構想……このアイデアはとりこわしが容易な小さな木造の日本家屋ばかりの市街地なので，用地取得が比較的に容易であり，欧米の百万都市の水準と比較したら用地資金コストが低くて

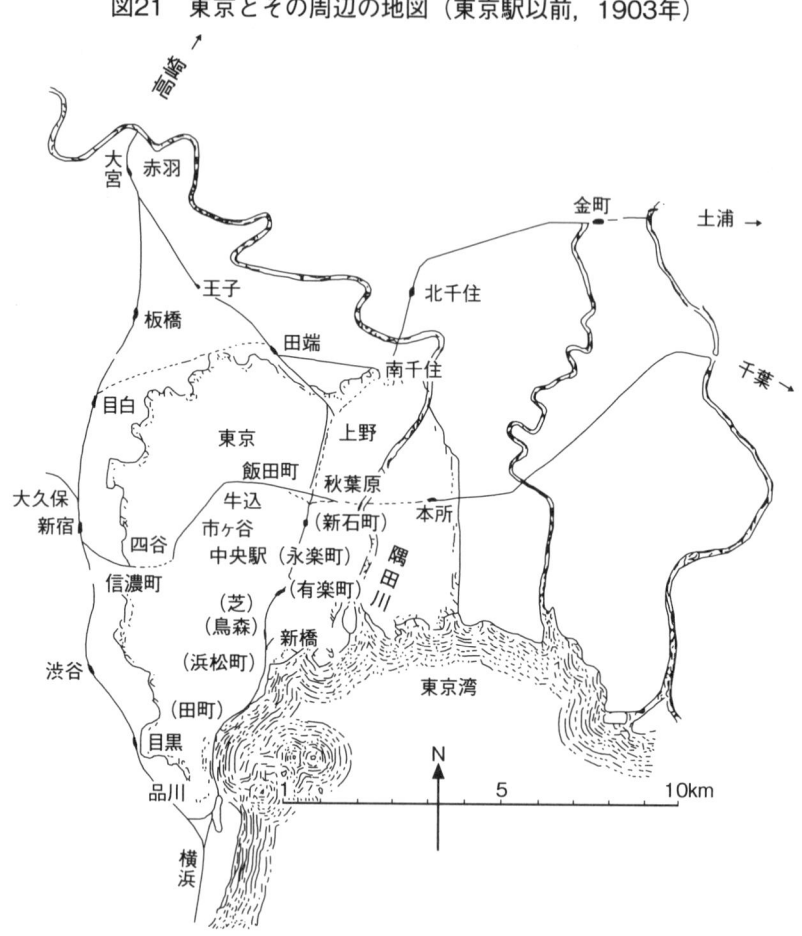

図21 東京とその周辺の地図（東京駅以前，1903年）

出典：島秀雄「東京駅誕生」鹿島出版会，1980年，p.18

すむことを考えたならば，早急に実現すべき事であろう。」（同上，p.19）。

　しかし武家屋敷の跡地の神田－新橋間と，町人の密集市街地の上野－神田間では事情が違っていた。上野から東北線を開通させていた日本鉄道会社が上野－東京間の建設を検討しただけで踏み出さなかったのは，とても一企業のできることではないと判断したからであろう。

　果たして用地買収は難渋した。中央線の方は1919年に東京発となってお

第Ⅵ章　中央駅の設定　111

り，東北線は震災の2年後の1925年であった。

　二人のドイツ人が中央駅と環状線の構想を提示した背景には，ベルリンの次のような事情があったとその後に解説されている（同上，p.111）。

> 　ドイツ人は計画性の強い国民で，都市計画にはとくに力をいれ，鉄道と一体となって考える意識が高い。鉄道が高架線で都心を貫通して直通できるのは，ヨーロッパの大都市ではドイツの首都ベルリンだけであった。
> 　ベルリンでは幹線鉄道が煉瓦アーチの高架線で都心を東西に貫通し，ズー，フリードリヒストラッセ，オストという三主要駅があって，東西両方向から交互に長距離列車を乗り入れていた。この本線に並行して今日ではSバーンと称する近郊鉄道が走っていた。市の外郭に環状ルートの近郊鉄道があり，この環状線が縦貫する近郊線に乗り入れて都心に達していた。その後の計画で南北に貫くSバーンが築かれ，今日でいうUバーンという地下鉄道が建設され，路面電車とバスで補完される交通体系が整っていた。このようなベルリンの鉄道網を念頭において，ルムシュッテルが日本側にアドバイスをしたものと考えられる。

（角本注）ここでいう「近郊鉄道」「近郊線」は当時の表現の"Vorortgleise"であろう。ドイツでは都心付近から当時の郊外へ行くのはそう呼ばれ，やがてその郊外が市街地となっていくので，1924年からは「都市鉄道」の表現に変わった。"Sバーン"（S-bahn）の方が我々には共感できる。

　この文章を含む図書が1990年に公刊される前にベルリンを見ていた私には，1895年ごろのベルリンがそこに示されているとは考えられなかった。幸い私の疑問は2006年の中央駅開業の折ドイツ鉄道発表の説明により解明できた。

　まず第1にこの時点では「ズー」「フリードヒストラッセ」は主要駅ではなかった。そのような説明は発表資料にはない。東のオスト駅はある程度の重要性を持っていた。

　第2にやがてSバーンといわれる路線が走っていても，当時はすべて蒸

気運転であった。

　第3に「近郊鉄道」「近郊線」は今日の便利な運行ではなかった。

　第4に環状ルートと縦貫ルートの列車運行がどの程度の規模であったのか，疑問が残った。

　第5は文章の最後の部分であり，それらはすべて20世紀になってからの事実である。それらを前提に1890年代半ばの人が意見を作っていたとは考えられない。

　過去の正確な理解が今後への基礎である。

2．長距離列車発着の「東京モデル」

　大都市に各方面から路線が集中するとしたら，それをどのように受け止めたらよいか。その始発駅（あるいは終着駅）を市街地のどこに置くか。また路線別に単一駅とするか，複数路線をまとめて集中駅とするか，これらはすべて鉄道計画の基本である。

　教科書ではいくつかのモデルが可能である。わかりやすく東京付近の地名を使って考えて見よう。以下の記述はドイツ鉄道の説明も参考にした。

　東京には方面別に六つの県庁所在都市があり，それらから路線があれば6方面への対策が必要である。単純にどこかに中心点（pivot）となる位置を仮定し，6路線の始発駅をそのまわりに集める。利用者には「甲府行」駅，「千葉行」駅などと名付ければわかりやすい。パリの「リヨン」駅からはリヨン市方面の列車が出る。

　この方式はわかりやすい。しかも各方面からの人がそこに来れば，他の路線の発見も容易である。地図にはその中心点の地名を例えば「六本木」とか「コンコルド広場」と書いておけばよい。全世界に周知させることができよう。

　しかし欠点がある。大量の旅行者がそこに集まったとき，人々は右往左往してぶつかり合う。その混乱のうずが，例えば列車の遅れで拡大する。誰がその始末をできるだろう。

　そこで，各始発駅をその中心点から少し遠ざけて配置したらどうだろう

か。モデルとしては環状の連絡線を設け，その上に方面別に6駅を置く。大空港がいくつかのターミナルを持ち，その間を連絡バスでつなぐのに似ている。机上案ではそれも楽しい。

いっそその連絡バスを環状の鉄道にし，各方面からの列車をそこに乗り入れさせたらどうか。事実，20世紀の中ごろ，東京の山手線に接続する郊外私鉄線の列車を，そこへ乗り入れさせればよい，との提言があった。鉄道経営何十年の専門家からであり，注目された。

さて，方面別が6ではなく，12だったらどうなるか。どうしたらよいか。これが東京やベルリンが求め続けてきた対策である。大都市となればこれくらいの路線数を扱わねばならない（後述図23参照）。

机上ではなく，現実の歴史が時には賢明な解決を示している。前橋・宇都宮・水戸からの3路線が大宮，上野で一つにまとまる。そのまとまりを一束にして，市内に持ち込んだらどうか。12方向をそれぞれ3方向ずつ，一つに束ねて4路線とすれば解決しやすい。

東西方向に総括路線，南北方向にも総括路線とすれば，それらをどこかで「秋葉原」のように交差させればよい。

誰でも机上ではそう考える。東京でもベルリンでも議論されたに違いない。

この種の議論に実際家はただちに反論する。方面別に1本の線のようでも，輸送量が違う。列車の直通は便利な反面，それぞれの方向には輸送の性格が異なり，旅客数が違うので，同一車両や同一列車では扱えないのではないか。また遅延の際の収拾がむずかしい。

それに第一，その広大な用地をどこに求めるのか。巨大中央駅で交通は便利になっても，都市は死ぬ。これこそ19世紀以来，世界の大都市の難問であった。現実にはパリもロンドンも対策を放棄し，成り行きにまかせた。過渡期にはベルリンも東京も路線間の連絡の不便に困り抜いた（第Ⅱ節第1項）。ロンドンがまず示したのは地下鉄による連絡，ベルリンが示したのは鉄道企業自体の環状線と都心部付近横断線であった。パリはロンドン型，東京はベルリン型となった（第Ⅱ節第2項）。

その後東京では，列車折返し方式のまま，東京・上野・新宿などが巨大化していった。東京と上野については回送列車をそれぞれ反対方向に引き抜けば効率がよいとの案はあっても，巨大な中央駅を作り，全列車を通過式にする構想にはならなかった。土地入手が誰の目にも余りにも困難だったからである。

ベルリンにおいても，おそらく19世紀以来の検討が続いただけで，戦前には中央駅は設置されなかった。戦後は東西分裂の中で，その末期に東ベルリンのオスト駅が一時「中央駅」と呼ばれ（前項），統一後も持ち越され，やがて旧名にもどった。ドイツ人としては列車運行の効率のためにも，また東西統一の象徴としても「中央駅」設置が必要と考えられた。

関係者の長年の努力の後に2006年5月「ベルリン中央駅」が開業した。ベルリンの中央に位置し，戦前には最重要駅の一つであったレールター駅の場所に，全く新しい大構想の施設が誕生したのである。

なお私の推測ではこのレールター駅は，他のいくつかの駅とともに，19世紀末，1895年ごろに，新東京駅の参考例としてドイツ人顧問から紹介されていたであろう。

1914年開業の東京駅はドイツ人の意見が考慮されていたという。ただし八重洲側に貨物用の施設と線路を持つなどの提案は採用しなかった。ベルリンでは今度の中央駅にもそばに鉄道貨物用地が存在するのである。

ところでロンドン，パリ，ベルリンも東京も鉄道開通以前に市街地がすでに形成されており，鉄道路線はまずその周囲に，あるいは都心部の外縁にとどまった。新橋も上野もそうであった。東京の場合は，現在の東京駅付近にたまたま公有地があり，それが空地となるので転用できたのである。これは歴史の偶然であり，鉄道側には幸運であった。逆に鉄道が高架の構造物で都心部を分断したことを批判する人たちには不運だったといえる。

日欧のこれらの事情に対し，米国では鉄道開通が都市形成の契機となり，鉄道駅を中心に市街地が形成された（第Ⅶ章第Ⅰ節第1項）。その際，複数の鉄道企業の路線を集めた「ユニオン駅」も設けられた。中央駅への一

つの工夫であった。

その後1世紀がたち，ベルリンは中央駅を誕生させた。しかし同じことが東京にも望ましかったかといえば，ここで重大なのは都市の大きさ，そこに集まる旅客数の規模である。

一つの施設に収容可能な人数には，いかに工夫しても限界がある。ベルリンの現在の人口規模は，ベルリン市が892km^{2}に340万人である（2001年）。東京は区部617km^{2}に814万人（2004年3月）であり，さらに周辺にその2倍以上が住む。この東京に対してベルリンのモデルが成立するかといえば，明らかに困難である（次節第3項）。

まずこのことを頭に置いて，ベルリン中央駅の構造を見ると，それは過去の経験からの複合であった。すなわち東西方向に対しては既存の東西線の一地点に新駅を設け，中・長距離列車のホームを高架（地上3階）の位置に作った（2面4線，他にSバーン用1面2線）。次に南北方向に対してはこの駅の地下2階に中・長距離用ホーム（4面8線）と地下鉄ホーム（1面2線）を並べた（合計8面16線，図22（その3））。巨大な立体構造が作られた。

すべての列車が直通し，折返しがないのを原則とする。

おそらくその能力計算は今後のベルリンの発展を考えてもなお十分とされたに違いない。しかしそれはベルリンだからこそ成立するのであり，パリもロンドンもおそらく困難である。東京では現在の東京駅がこの新駅よりはるかに大きな集中となっている（JR，地下鉄合計で15面30線）。さらに周辺ではいくつかの地下鉄駅に連絡する。私が恐れるのは，このベルリン新駅を，都市の規模を忘れて評価することである。次節第3項において今一度そのことを取り上げる。

II　ベルリン2006年

1．「きのこ型」に路線を利用

ベルリンにはすでに図22の環状路線とそれを東西に貫く東西線が存在した。
これらの2路線が各方面からの路線（図23）を受け止め，それらの連絡をはかっていた。

図22　ベルリン中央駅の路線利用（「きのこ型」モデル）

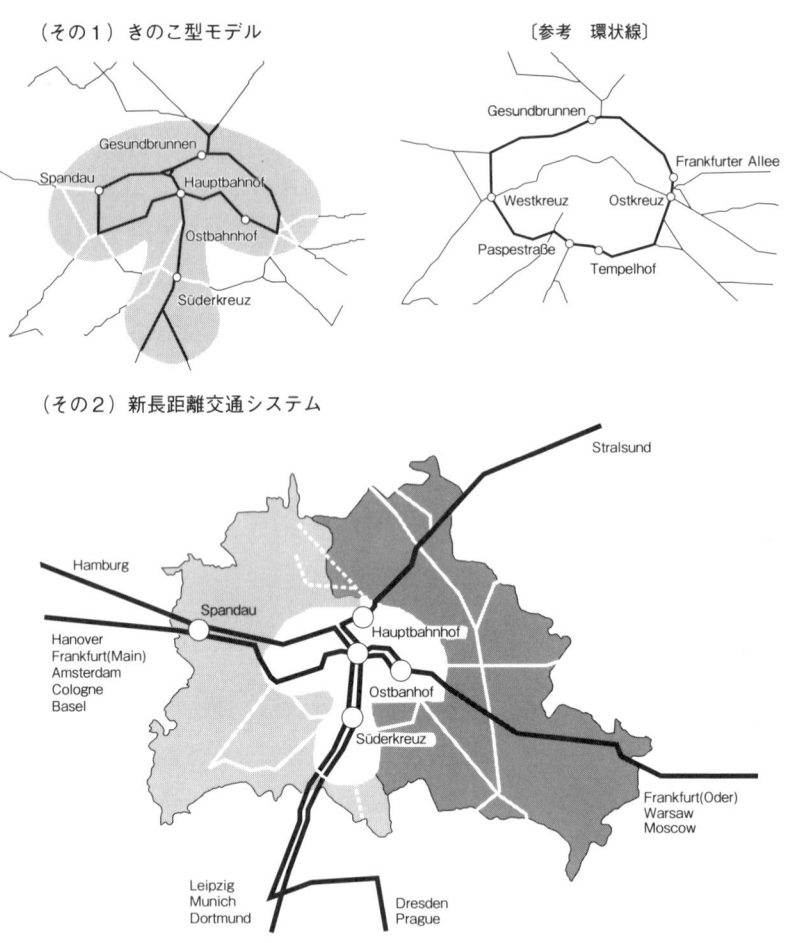

（その1）きのこ型モデル　　　　　　〔参考　環状線〕

（その2）新長距離交通システム

（角本注）ベルリン－フランクフルト（M），バーゼルは2006年12月に南北線経由に修正。

(その3）ベルリン中央駅の路線（方面別）
(2006年5月開業）

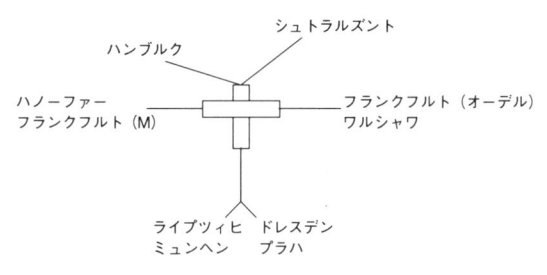

```
                    シュトラルズント
         ハンブルク
  ハノーファー   ┌──┐    フランクフルト（オーデル)
  フランクフルト(M) │  │    ワルシャワ
                    └──┘
              ライプツィヒ ドレスデン
              ミュンヘン  プラハ
```

(注）東西方向＝高架　3面6線
　　 南北方向＝地下　5面10線

　この伝統を前提に新しく中央駅の位置を選び，各方面との列車網を作るには，業務の効率とともに利用者のわかりやすさが大切であった。それらを考慮して，今後の列車運行は図22の「きのこ型」の方式になると示された。

　まず東西線のほぼ中央に新駅を設定し，南北に新線を貫いて十文字に交差させる。この南北線は在来の環状線の北側で分岐する。いわば南北線を軸に，東西方向の2路線を「かさ」にした「きのこ型」となる。

　遠距離列車の運行をこの「きのこ型」にのせると，図22（その2）の「新長距離交通システム」のようになる。図ではきのこの範囲は狭く描かれ，ベルリンの市域が示された。

　大きく分けて北西のハンブルク・北東のシュトラルズントから南方のライプツィヒ・ドレスデンへの列車は南北方向（駅では地下），西方のハノーファーや東方のフランクフルト（オーデル）へは東西方向（駅では高架）の運行である。

　ところでターミナル駅が折返し方式の場合にも運行支障の影響を最小にするため「補助駅」が用意される。東京に対し品川，上野に対し大宮がその例である。まして通過式の場合にはその影響が広範囲に及ぶおそれがある。ベルリンで図において特に次の4駅が方面別に記されたのはその対策を示すと考えられる。

　　　Spandau, Gesundbrunnen, Ostbahnhof, Süderkreuz

ベルリン中央駅は鉄道の歴史において全く新しい試みであり，おそらく鉄道人には実現したくても実現できなかった理想図であった。問題はその効果が費用に見合うかである。

　私はそのように危ぶむけれども，新駅には一日千百本の列車が発着し，30万人が利用するとされる。30万人の発着とすれば，乗車は15万人。我が国のJR主要駅の一日平均乗車人員は東京37.5万人，大阪42万人なのである。ただし内容に違いがあるので単純には比較できない（東京駅の列車発着はJRが約4,000本）。我が国では近距離利用の比率が大きく，ベルリン新中央駅はそうでないだろう。なお絶対数そのものの検討が必要と思われる。

　おそらくこの利用には在来駅からの転移が多数含まれ，新駅による純増が投資に見合うかどうかが一つの論点になる。

　新駅の効果には利用者が受ける便益のほかに，列車運行上の利点がある。上記の地下ホームは南北方向に使用され，線路容量増加と経路短縮による所要時間節減がありうる。

　しかしそうはいっても最近までの列車回数は我が国から見ればきわめて少ない。ベルリンとハンブルクを結ぶ列車回数は26往復程度，ドレスデンとの間は10往復程度なのである。

　次にベルリンが今の鉄道網に至るまでの経緯を説明する。

2．ベルリンの鉄道路線発達

　今日のベルリンの計画を見ると，そこに19世紀以来の計画思想が感じられる。おそらくそれはロンドンやパリを見ながらベルリンが独自に開発した方式であった。かつて東京はすでに述べたように，ロンドンに学んだ後に，ベルリンを参考にした。

　ベルリンは19世紀にドイツの首都になる前に，まずプロイセン国の首都であった。その最初の鉄道はすべて民間企業の資金調達であり，後にビスマルクの強権の下で，まずプロイセンにおける国有国営となった（1880年代）。ドイツ全体の国有化は1920年である。

第Ⅵ章　中央駅の設定　119

　1882年当時の路線図を見ると、1838年を最初として、次々に各方面に放射状に路線が開業し、それらを結んでその北側の半円、続いて南側の半円、さらに東西の路線が作られたことがわかる（図23）。またそこに示された六つのターミナル駅の中で、⑥レールター駅は1884年に①ハンブルガーを合併し、ハンブルク、ブレーメン、ブレーメルハーフェンへの"海外駅"の役割を持ち、南のアンハルター駅とともに重要な地位を占めた。官庁地区に近接し、かつ広大な貨物駅用地に隣接していた。第二次大戦後、その近くを東西分裂の境界線が通り、1951年長距離列車ターミナルとしては閉鎖され、都市交通の機能だけが残された。この空白の後に、1992年、今度はここに中央駅を設置することが決まり、2006年の開業となった。なおさかのぼると、すでに1882年には東西線に郊外線として複々線が追加されて、

図23　ベルリンの鉄道路線の開通
（1882年　11本）

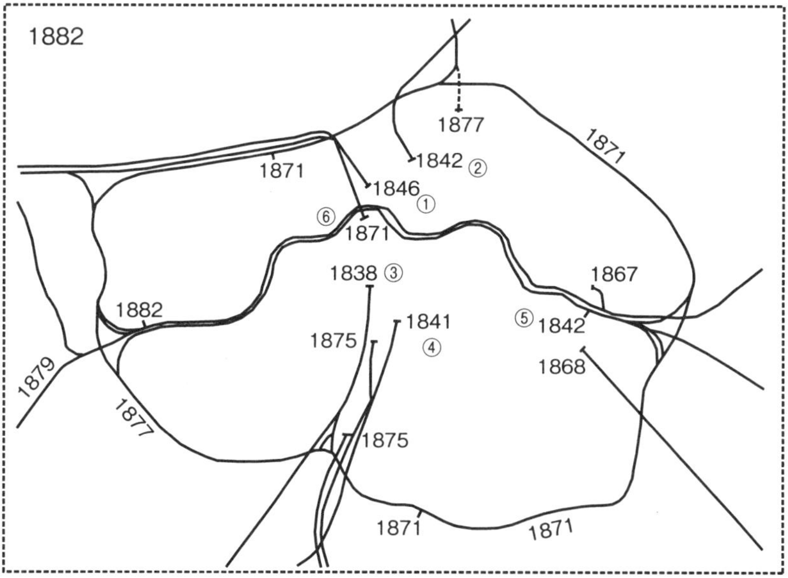

①Hamburger B　④Anhalter B
②Stettiner B　⑤Frankfurter B
③Potsdamer B　⑥Lehrter B

3複線となっており，この追加線は1924年以後「都市交通用路線」（都市鉄道，Ｓバーン）と呼ばれている。

これらの路線において蒸気機関車の引く列車の3種類の環状運転が可能となっていた（次項）。

(1) 大きく環状路線を回る（現在Ｓバーンにこの運行がある）。
(2) 東西線と上半円とを回る（前項の「きのこ」のかさ）。
(3) 東西線と下半円とを回る。

この経過の特色はロンドン，パリと比較すれば納得できる。

当時のベルリンは英仏の首都に比べ非常に小さく，また堅固な建物の比率が低かった。空地が市の中心部にも存在し，蒸気鉄道と高架の構造物を強権で押しつけることができた。もちろんそうはいっても，路線は後述のように曲がりくねっていた。ロンドンは放射状路線を結ぶのに地下鉄道を開通させた（最初の区間は1863年，当初は蒸気運転）。やがてそれは環状の路線となり，さらに都心部貫通の深い地下鉄道が加わった。パリは都心部貫通型の地下鉄道を整備した（最初の区間は1900年開業）。ベルリンの地下鉄道は1902年の登場であった（最初の区間は高架）。

ロンドンもパリも中央駅の思想が育たなかった。大都市になりつつある19世紀のベルリンでも当初はそうであった。1835年王宮を中心に周囲15kmの市壁が造られ，各鉄道はその外側に方面別に頭端式の駅を設けた。19世紀末，今回の中央駅の位置のレールター駅が北西方向への重要駅となっていた。そこから東や南の方に乗り継ぐには辻馬車（Droschke）＊が使われた。すでに環状線が開通していても，電車運転の前であり，まず貨車の授受が第一の目的だったに違いない。東京の山手線の第一の目的もそうであった。最初はそれが将来の環状運転の西側半分になるとは，誰も想像しなかったのである。やがてベルリンを参考にして環状化を計画したけれども，秋葉原－神田間の下町密集地区は路線完成までに時間がかかった

＊1909年5月6日アンハルター駅に到着の寺田寅彦は「ドロシケを雇ってシェーネベルヒの下宿」へ行ったと記している。

（第Ⅰ節第１項）。開通は1923年の関東大震災の２年後であった。

20世紀初め，東京がベルリンを参考にしたとすれば，その東西線において上述のレールター駅が重要駅となっていた事実を，新しい「東京駅」に重ねて考えていたと推測できる。今日の東京駅はようやくその姿を実現したといえよう（図20参照）。

なお，ベルリンでは1880年代，東京では1906年に鉄道の国有化があり，ロンドンとは異なり国の意思が鉄道計画に働きやすくなっていたと考えられる。

３．都市規模と鉄道網の均衡

今日，ドイツは世界経済において重要な地位を占める。首都ベルリンも大都市として注目される。しかしベルリンをロンドン，パリに似た規模と考えてはならないし，まして東京区部とは事情が異なる*。

ドイツには我が国に近い面積にほぼ2/3の人口が住む。しかしベルリンが巨大でないのは，国民が各地に分散しているからである（第Ⅴ章第Ⅰ節第４項）。1930年代ヒトラーがアウトバーンの整備を進めたのは当然であった。当時も今も自動車交通に最適な国なのである。

第二次世界大戦後のベルリンは東西分裂の中で苦難の道を歩んだ（次項）。ようやく1989年国民の力が東西分断の"壁"をくずし，翌90年に統一ドイツを実現した。

交通の立場から見れば，東西の交通政策の違いをまず調整し，市域の施設の荒廃を修復する必要があった。その努力の成果が16年後の2006年５月

＊東京はロンドン，パリ，ニューヨークよりはるかに巨大なのである。例えば中心都市の人口と従業員数は次のとおり大きい（「国土レポート2000」国土庁，2000年，p.148）。

	面積(km^2)	人口(千人)	従業員数（千人）
東京23区	620.8	8,164	7,394
ロンドン	593.2	3,789	2,444
パリ	762.8	6,137	3,440
ニューヨーク市	833.5	7,353	4,162

28日，ベルリン中央駅の開業として見事に示された。

　交通は国民の団結にまず第一の基本条件であり，交通施設が持つ象徴としての意味は大きい。東京における東京駅も単に鉄道駅である以上の意味をもつ。しかしそうだからといってその駅が有効に利用されるかどうかは別問題なのである。ここでベルリンについて過去の記憶を整理するのも，今後21世紀においてこの駅が果たす役割を判断するためである。

　さかのぼって20世紀前半においてはベルリンについての我が国の研究は英仏米の諸都市に比べて少なく，まして後半から今日まではそうである。その前に東京の山手環状線と中央駅としての東京駅の設定が明治時代中期にベルリンを参考にしてなされただけに，この研究不足は不思議に感じられる（第5項）。

　しかし戦前のベルリンの規模からいえば，日本からの比較研究が英仏米に向けられたのは当然ともいえる。

　ここでベルリンの理解に大切な着眼点をあげておきたい。

(1)　ベルリンは一国の首都としては交通体系から見て東北に偏在している。たまたまドイツ統一の歴史の中でプロイセンの首都が全ドイツの首都になったのである。以下他の条件でも立地に有利な事情はない。ベルリンの人口規模は今後も巨大化の可能性が乏しい。

(2)　ベルリンは低平の地域に水路を利用しながら発展した。今回の中央駅も水路に接する位置にある。

(3)　ロンドン・パリと同様に，ベルリンも歴史の中で計画性のないままに発展し，権力者は時折，若干の意思を示した。道路が迷路状であるのに対し，何本かの幹線道路を上乗せした。この点がほとんどの米国都市と異なる。権力が逐次増大した都市の宿命といえよう。

(4)　歴史の集積という点ではベルリンは新興都市である（第5項）。我が国ではフンボルトやフィヒテがベルリンと結びつけて思い出されるけれども，19世紀初めのベルリンは人口10数万人の町であった。有名なペルガモン美術館（1930年完成）の神殿は，ロンドン大英博物館のエルギン・マーブルズと同様に"掠奪品"であり，自生の文

(5) 今後のベルリンは政治都市の地位を保ったとしても，それ以外の発展の条件がドイツの他都市と比べて特に大きいかどうか，常に調べていく必要がある。生活条件では恵まれてはいない。

　これらの特色を持つベルリンが半世紀近く東西分裂に悩まされ，ようやく1990年代から一つのベルリンへの努力がなされた。その成果の一つとして，中央駅が結実したのである。今は交通については2003年樹立の長期計画（2015年まで）が進められている。

　分裂時代，東西それぞれに戦後復興を進めた。東側は路面電車を残し，西側は廃止していた。

　地下鉄は西側は整備に力を入れ，東側にも路線があった。

　国鉄線は分断され機能が低下し，分裂の悲劇を示した。

　1990年以降に地下鉄と国鉄線（Sバーン）の整備がまず重点となったのはいうまでもない。2005年の路線図ではSバーンの環状線（東京の山手環状線34.5kmより少し長い37km），それを貫く東西線と南北線とが軸になっている。それとともに市域に地下鉄（Uバーン）の路線が9本走る。旧西ベルリン側に密度が高い。営業キロは「都市交通年報」（2006年版）では143.0kmであり，東京メトロの183.2kmに近い。

　さらにこれらの外に「地域交通線」（Linie des Regionalverkehrs, Line of regional train）がある。ヴィッテンベルクまでもその範囲に入る（中央駅から98km）。

　なおベルリンにおいてもロンドン，パリと同様に地帯制の運賃調整が行われている。地域交通線もそれに含まれる（第Ⅶ章第Ⅰ節第3項）。

4．苦難の克服—東西分裂45年

　ドイツの都市鉄道は国鉄の都市鉄道（Sバーン，S-bahn）と地下鉄道（Uバーン，U-bahn）として知られ，戦前はそれらの組み合わせの模範例とされてきた。さらにその外に国鉄の地域交通線が存在した（かつて日本国有鉄道では東京，大阪付近の都市交通専用路線の電車は「国電」とされ，

横須賀線はそれに含まれなかったのに似る*）。

そのベルリンへ次のように5回，それらの路線を経験するために出かけた。他のヨーロッパ都市とは異なり，状況はそのつど大きく変化していた。当初は東西対立の中で東西ともに暗く，第5回の90年は解放感にあふれていたものの，東には前途への不安が支配していた。

第1回の65年には西ベルリンにクーアフュルステンダム通りとツォー駅（Zoologischer Garten駅）を中心に復興の努力が見られた。戦災で破壊された教会（カイザーヴィルヘルム記念教会）が残っていた。かろうじて修復した東側は寂しかった。

その後の76年，81年，82年の3回では状況は改善されていたようでも，東西の対立はいよいよ厳しく，その不自然な状態が永続するとは思えなかった。82年リューベクを見た折に乗車したタクシーの運転手が，ここでも町のすぐ東に国境の壁があると嘆いていた。その7年後に体制が崩壊し，90年の旅行では東西の壁が消え，西側には活気がみなぎっており，彼の喜びを想像した。

82年の旅行ではベルリンにおける身体障害者への交通対策と地下鉄の無人運転技術の開発を体験できた。西は西として努力が実っていた。

これらの旅行を通じてベルリンで宿泊したのは西側ではツォー駅，東ではフリードリヒシュトラーセ駅の近くであった。

旅行ではベルリン始発列車の乗車駅が不便で困ったけれども，当時は

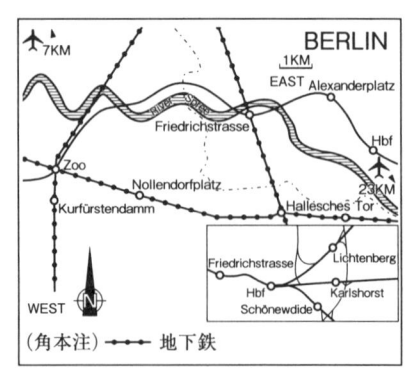

＊東京付近の「国鉄電車」は時刻表では次の範囲であった。
・山手線　・中央線（東京－高尾，国分寺－東京競馬場前）　・総武線（御茶ノ水－千葉）　・京浜東北線（大宮－桜木町）　・根岸線　・鶴見線　・南武線　・常磐線（上野－取手）
この観念は1930年代前半，鉄道省直営時代の「省線電車」にさかのぼる。

能力の不足で仕方がなかった．参考に一例をあげれば，81年5月ルターのヴィッテンベルクへ往復したときは

　　ベルリンLichtenberg駅　0647発
　　　　　　　　W駅　0836着
　　　　　　　　W駅　1427発
　　ベルリン　　　　Ost駅　1606着

であった．このOst駅は89年時刻表ではHbfと示されていた．

　1982年ドレスデンからベルリンへはSchöneweide駅へ着いた（2005年時刻表ではドレスデンからベルリンの3駅に停車しハンブルクへ直通．ドレスデン－ベルリン間2時間半，ベルリン－ハンブルク間1時間半に改善．1989年はドレスデンからLichtenberg駅へ2時間42分）．

　ここで特に当時の事実にふれたのは，このようなベルリンであっただけに，今日の市民の喜びは大きいと想像できるからである．もう80年代初めの状況など市民の大部分には昔話にもならないだろう．しかし列車の発着駅がこのような不統一に陥ることは，施設の能力が不足ならばおこりうるのであり，今後への警告として忘れてはなるまい．

5．日独の交通体系は変わりうるか

　結論として21世紀においてベルリンの交通体系も，ドイツの国全体の交通体系もほとんど変わらない．変わりようがない．東京や日本についてそうであるのと同じなのである．両国ともすべてが成熟段階にある．

　参考までに1995年，2000年，2002年日独2国の輸送量はすでに付表3で見たとおりであり，それぞれに交通手段別の比率にその特色を示しながら，もはや数量の変化は小さい．

　一言でいえば，日本は島国であり，しかも平地面積が少なく，人口は特定地域に集中する（付表13）．ドイツは内陸国型であり，しかも人口は分散する．このことは大都市圏の交通の余裕の差としても現れている．

　ところで鉄道関係者は外国の鉄道整備計画に着目するけれども，ベルリンにおいて同時に道路交通対策が進行しているのを見落としてはならない．

ここでベルリンへの我が国の研究が意外に不十分だったことを今一度述べておきたい（第3項）。明治中期からの日独関係から考えて，それはふしぎなことだけれども，交通については事実であった。

　「ベルリン」といえば，各人それぞれの像を描く。古い鉄道人にはかつてそこを中心にヨーロッパの鉄道が研究されたことが思い出されよう。しかし戦前の文献ではベルリンよりもロンドン，パリの方が注目されている。

　まして戦後はベルリンはほとんど忘れられた。したがって今回の中央駅の意味を理解するには改めて過去にさかのぼる必要があった。

　ドイツ文化は明治以来，特別の目で見られてきた。鷗外のような人がそこに学んだ。哲学者たちもそうである。しかし「文化」全体となるとパリの地位が高かった。音楽ではドイツ人の名が伝わっていても，ベルリンとの結びつきは少ない。鷗外の帰国の後，20世紀初めでもベルリンはミュンヘンなどドイツの他の有名都市と異なり，「新開地」であった（平川祐弘「和魂洋才の系譜」河出書房新社，1976年9月，p.106）。

　美しい都市としてはドレスデンがあがる。戦前のドイツではベルリンは政治権力を象徴しただけの印象が残るのである。ベルリンはドイツ最大の都市ではあっても，歴史の上で尊敬されてきたとはいえない。絵画を見る上ではミュンヘンやドレスデンが今も重要である。これまでベルリンの研究が遅れているのにはベルリン自体にも原因がある。

第Ⅶ章　都市鉄道に限界
―東京・ロンドン・パリ・ローマ

　今日，我が国では東京の都市鉄道は対策の限界に到達した。そのことは日本の我々が一番よく知っている。しかし今や西ヨーロッパでもそういえるのである。

　東京・大阪など我が国の大都市では一般に都市交通は企業の黒字源である。西ヨーロッパではそうではない。すでに自立採算をあきらめている。違いは都市圏の人口密度の大きさによる。他面，中心都市の市街地部分ではいずれも交通用空間の入手が困難という限界に到達した。自動車交通の代替策としての都市鉄道も追加は不可能に近い（第Ⅷ章第Ⅱ節第1項）。

Ⅰ　都市鉄道の役割と経営

1．都市交通の歴史性

　ヨーロッパ都市の交通を理解する上で特に重要なのは市街地における歴史の蓄積である。わかりやすくいえば，馬車と鉄道を前提にした米国都市と比べればよい（第Ⅴ章第Ⅱ節第3項参照）。

　米国都市は都市形成の当初に馬車の使用を前提にしていた。19世紀において街路網を格子型に作り，その基点の一つが鉄道駅であった。シカゴがその代表例だし，ニューヨーク市では一部地区（ダウンタウン）が存在していた段階でこの手法が採用された。したがって米国では市域の面積に対する道路面積の比率が高い。

　ヨーロッパ人も古くから馬を使ってはいたけれども，ローマもパリもロンドンも市街地は徒歩を前提に形成され，しかもローマとパリでは城壁内に高密度居住の市街地が成立していた。道路網は迷路状といってよく，特

にローマのように起伏の多い地形では自動車交通に困難が大きい形態になっていた。

　例外としてパリの場合は19世紀半ばに当時の市街地の大改造があり，今日の道路網が整備されて，幅の広い街路が導入された。ただし何本もの道路が集中する大交差点は自動車交通には障害となった。

　ロンドンはローマ時代の城壁はあっても，早くに撤去され，大陸都市ほどの人口高密度ではない形で，迷路状に市街地が形成された。そのことは地下鉄道網にも表れていて，パリが旧城壁内に高密度に路線を開通させたのに対し，ロンドンは広域に路線を広げている。

　3都市とも道路網が迷路状であるという点では米国都市とは異なる共通性だけれども，3都市相互にはそれぞれの特色を持つ。その中でパリは自動車交通を受け入れる能力が他の2都市より大きかった。ロンドンが都心部への自動車の入り込みを有料制にしたのに対し，パリの関心は高まりそうにはない（2003年2月17日実施，現在1日8ポンド，約1,900円の料金）。パリでは上述の都市整備により極端な交通まひが発生しない形で，在来の交通規制が何とか成功しているからである。

　ローマは古代・中世・近世の遺産が累積していて交通対策の困難が大きい。都市圏の人口がロンドン，パリほどに多くないことが救いになっているといえよう。

　さてこれらの3都市が起源を古代に持つのに対し，前章に述べたベルリンは13世紀の誕生であり，政治都市として知られてはいても，19世紀初めはなお大都市ではなかった。鉄道がその後に市街地を貫通でき，2006年に中央駅を開設できたのも，歴史の拘束が強くなかったからである。

2．自動車時代の都市鉄道経営

　本章に述べるヨーロッパ3都市はすでに170年前の1830年代からそれぞれ鉄道の受け入れに工夫した。当時，「鉄道熱」はヨーロッパ中に異常な強さで広がっていた。リヴァプール－マンチェスター間の成功を早く採用したいと考えたのである。

都市と鉄道の関係は次の通りであった。

まず，すでに徒歩と馬の交通により発達していた都市は都市間鉄道によりさらに発展した。その際，都市付近ではそれは「都市交通」用にも役だった。その次に都市交通を目的とした「郊外鉄道」「都市鉄道」が整備され，通勤圏の拡大をもたらした。ロンドンとパリが特にそうであった。

さらに第3の段階として都心部中心の市域において地下または高架の路線が整備され，それらは「地下鉄」とか「メトロ」と呼ばれた。19世紀から20世紀にかけてロンドンがまずこの方向に進み，パリやベルリンがそれに続いた。ローマは遅れた。それぞれに当時の国情を反映した。

また路面電車が多くの都市に普及し，それまでの乗合馬車に交代した。

郊外鉄道・地下鉄道・路面電車がそろった段階に，今度は自動車がバスと乗用車として登場した。鉄道は二つの意味で影響を受けた。一つは自動車に旅客を奪われ，経営難に陥ったことである。今一つは道路混雑が激化し，路面電車が運行困難となり，さらに自動車自体も動きが悪くなって，路外の鉄道を必要とするに至ったことである。

都市と鉄道は思いもよらぬ関係となった。自動車の普及により，鉄道企業は自立経営困難に陥ったけれども，今度は自動車の普及により，自立経営の不可能を認めた上で道路混雑対策の「社会装置」として鉄道が必要とされたのである。

その鉄道は，道路外の空間を通過すればよく，あるいは特定の道路の路面を専用利用するのでもよかった。技術としては鉄レールでもゴムタイヤの新システムでもよかったのである。その専用の空間が得られれば足りたのであった。

既成市街地では路外の鉄道路線がさらに追加された。道路混雑対策と輸送量増加への対策を兼ねていた。この路外の鉄道には，輸送量の大きくない区間では在来の鉄道よりも簡易な方式が「トラム」「ライト・レール」などと呼ばれて利用された。もはや昔の道路上を自動車と共用するのではないけれども，人や車との平面交差を伴っていた。本来の鉄道ほどの能力はなく，速度は遅い。しかし輸送需要が大きくなければそれで十分とされ

た。
　20世紀後半，鉄道はこれらの組み合わせを採用しながら，都市発展に貢献した。
　また軌道方式は既成市街地の外方に新市街地を形成するのにも使われた。在来の都心部と新業務地区や新住宅地区が路外軌道方式によって結ばれたのである。ロンドンではドックランド，パリではラ・デファンス，ローマではエウル（EUR）が業務・住宅の新しい地区として開発された。
　それと併行して道路対策としては駐車規制の強化，一方通行などの採用，道路及び駐車能力の整備，都心地区の通行の有料化などの対策がとられ，知恵はほぼ出つくした。
　21世紀初めのヨーロッパ都市は以上に述べた経過を経て，今日かろうじて人の移動を維持している。それはもはや鉄道の自立経営を前提にはしていない。道路交通対策として鉄道は必要だけれども，鉄道を自立経営させるほどの交通需要はない。
　この点だけが我が国の大都市，特に東京とは異なっていた。東京は通勤時の混雑が激しい反面，多くの路線は自立経営である。JRも在来の民鉄も地下鉄の東京メトロもそうである。逆にその混雑緩和をはかろうとしても必要な空間を入手できない。
　ヨーロッパの巨大都市としてのロンドンやパリに対し東京はその2～3倍の人口規模なのである*。東京ではなお都心部の業務活動の増大を推進するのが当然とされているけれども，都市交通政策の上では望ましくない。

3．供給体制の調整，広域の運賃調整

　交通では都市間も都市圏内も供給企業は競争と調整をくり返した。鉄道投資が有利と見込まれた段階では複数企業の競争が進み，それでは全企業

＊2000年，東京の通勤圏6,451km^{2}に3,016万人が住んでいる。大阪は5,394km^{2}に1,599万人である。イギリス全国の人口が5,968万人（2004年），フランスは6,003万人（同）であり，ロンドン，パリの都市圏はいずれも1千万人の規模と考えられる。なお第Ⅵ章第Ⅱ節第3項＊を参照。

が自滅するというので，統合という調整があった。やがて一つの企業が成立し，競争がなくなったときには，その企業自体の自立が多くの場合不可能というのが西ヨーロッパの歴史であった。前述のスイス国鉄はその数少ない例外といえる。

しかしおそらく都市交通ではその例外もないというのが西ヨーロッパの実態である。

1930年代，企業の合併によって，何とか自立採算の組織を作ろうと努力したものの，20世紀後半，乗用車の普及によりその採算の困難が明白になった（第Ⅰ章第Ⅰ節第2項）。しかし赤字だからといって企業を解散はできない。西ヨーロッパの決断は，自立採算はあきらめ，広域に運賃調整を行い，都市圏内の鉄道もバスなどもすべての企業が公共助成を受けながら存続することであった。

都市圏を都心部からいくつかの輪切りの地帯に分け，その地帯内は鉄道・バスなどをどのように利用しても同一運賃とする。また地帯相互間もそのように扱う。20世紀後半のこの工夫はもはや後もどりはむずかしい。もどろうとしても次の構想が描けない。

しかしこの方式には欠陥のあることも事実である。まず利用者の支払う運賃をどれだけに設定するのが適切かの判断基準が失われる。民主主義政治では人気取りのためそれを安く設定することになりやすい。

次にそのような制度の下では企業労使は業務能率への意欲を失う。これもまた説明するまでもない。

第3に利用者は支払い責任を低下させやすい。無賃乗車がバスなどの場合増加するのを阻止できない（第Ⅰ章第Ⅱ節第1項参照）。

企業側も利用者側も責任感を低下させていく中で納税者の負担だけが重くなるおそれが大きい。

いずれにせよ，もはや後戻りがないだけに，各都市は工夫を重ねていくことになろう。

II　都市交通の空間確保

1．ターミナル駅の位置と方式

　古い歴史を持つ3都市は外方から市街地内へ鉄道を導入できる位置に限界があった。鉄道の便利な利用のためには中心に近い方がよくても，中心地区には既設の建物が集中していた。

　ローマでは古代の城壁をわずかばかり中に入った場所にテルミニ駅が設けられたし，パリでは19世紀初めの中心地区の外縁に鉄道駅が配置された。19世紀半ばの大改造がなされる以前の市街地は内部は密集市街地であった。それでも当時は今のサンラザール駅への路線をマドレーヌ寺院の所まで入れ，建設途中だった用地を転用しようとの案があったという。

　ロンドンでは最初の路線はテムズ川南岸のロンドン橋駅からであり，以後，都心部を取り巻いて方面別に駅ができた。

　そのような配置ではターミナル駅はすべて「折り返し」方式となる。

　東京でも最初は新橋駅からであり，やがてその東海道線は都心部の中心にまで入った（「東京駅」）。しかしここでも折り返し方式とせざるをえなかったのである（第VI章第1節）。

　新幹線，あるいはTGV列車の始発も東京では東京駅，パリではリヨン駅や北駅であり，在来線と同様に折り返し方式がとられた。

　しかし方面別に折り返すのは非効率であり，反対方面に直通させる方式が望ましい。パリでは次にシャルル・ド・ゴール空港の地下を通るTGV路線が建設され，空港駅も設けられた（第III章第I節第1項）。ベルリン中央駅は前章に説明したとおりである。

　3都市を東京と比較して，東京駅のように中心にまで入ったターミナル駅はない。ただし東京駅も新幹線等は折り返し方式である。

2．鉄道用空間の確保に人間心理の限界

　都市の人口高密度地区では交通量が多く，交通施設への要求は大きい。しかし道路整備は広い空間を必要とし，不可能というので，空間節約型の

鉄道が選ばれ，その鉄道は地下を利用できるというので歓迎された。

　しかしそうはいっても，それらの施設を使用するのは人間であり，人間の心理に重圧をかけるのには限界がある。ロンドンは地下深くを通る地下鉄で有名だったけれども，やがて東京にもパリにもその例が出現した。自動車交通と都市発展の対策として鉄道を整備していけばそうならざるをえない（第Ⅲ章第Ⅰ節第1項）。

　エスカレーターもエレベーターも人間には不安の種であり，停電があればパニックは避けられない。その対策は講じているといわれても，すべての箇所が大丈夫なのかとの不安，不信は消えない。

　東京駅では横須賀線・総武線の地下ホーム，パリでは地下鉄マドレーヌ駅の14号線ホームなどが人間の耐えうる限界であろう。

　地下利用が高度に進むと，鉄道路線相互の連絡通路が迷路状にからみあっていく。その社会秩序をどう維持したらよいのか。早朝深夜だけでなく，白昼でも重大な問題である。そこは「白昼」のない，人工照明の空間にほかならない。

　このように考えていくと，パリもロンドンも今や地下利用は限界に到達したと考えられる。東京がそうであるのはいうまでもない。

　交通用空間の確保困難がまず大都市の都心部から始まるのは誰にもわかることである。しかしそれが地球上の各地で発生するようになれば，全地球の規模で対策が必要となる。次に章を改めてそのような広さで考えてみよう。

〔今後の選択〕

第VIII章　交通の広域化と「鉄道離れ」進行

　鉄道利用の停滞，減少という「鉄道離れ」には，背景に利用者の関心の変化がある。旅行は鉄道では対応できない距離に向かいつつある。鉄道の将来は，広く地表面の全域を見渡して判断する時代になった。
　交通の長距離・大量化はまた「交通用空間の不足」を発生させており，その解決はほとんど不可能に近い。空間の不足は鉄道だけではなく，全交通手段への制約になる。

I　交通への関心は全地球に

1．地球・宇宙の時代
　かつて20世紀初め，日本からの留学生たちがヨーロッパへの航海途上，赤道に近づいたときには地球の丸いこと，大きいことを実感し，感慨無量だったに違いない。今日我々はいとも簡単にこの地表面を往復する。地球・宇宙への目はますます遠くに広がり，移動する者はジェット機を遅く感じる。多くの旅行に鉄道はもはや出番がない。
　距離感覚の変化は20世紀後半に急進展し，ついに交通側が変化に対応できない段階に到達した。
　ここで歴史をさかのぼると，宇宙とか世界とかへの意識に目覚めたのはまず宗教家と研究者であった。二千年以上も昔に彼らは大空を眺めて宇宙という「有限」の世界を考えた。ギリシャ人がそうであった。同時に彼らは地球の大きさを測定した。アルキメデスの頃にはその知識が大きく進んだ。ギリシャ人はエジプトにおいて活躍し，地球が丸いことも把握できた。彼らの不幸は，せっかく生まれた地動説の芽を天動説につぶされたことで

ある。不幸はその後，近世初めまで，ガリレイのころにも続いていた。

古代の中国は大空に大きく線を引き，それを「赤道」と名付けた。太陽が真東から出て真西に沈むときの軌道であるのはいうまでもない。さらに太陽の1年間の移動に対し「黄道」を描いた。なぜ赤であり，黄であるか，どこかに説明があるに違いない。

インドではヒマラヤを眺め，非常に高い山を中心に世界が四方に広がると推測した。彼らはその高さを数字で示した。

その中心の山は高さが16万由旬，半分は水中なので，人間が見るのは8万由旬である。現代の数字に直すと，1由旬は約7kmとされ，その高さは我々の想像を絶する。

頂上には「帝釈天」の宮殿があり，山腹には四天王の住居がある。日月はこの山を周遊する。月まで40万kmとすれば，月がそのまわりを回る山がそれより高いのはふしぎではない。

この山の四方に大陸があり，南にある，三角形に近い台形の大陸にわれわれが住む。

インド人の思考のすばらしさは，そのような世界が，無数に存在すると見た広さである。それはそれとして，インドの宗教ではヒマラヤの高峯の一つを霊山として扱った。チベットのカイラス山（カンリンボチェ，6,714m）である。ここに現実の人間界との接点が置かれた。その山容により神秘の山とされたのである。

その後近世近代の歴史があって20世紀後半，人間はついに月にまで到達，さらに今では火星への探査機を飛ばす。我々の距離感覚は宇宙に広がった。今後はさらにそうであろう。「仏典」の思考力をはるかに超えていく。今や「冥王星」が惑星に入るかどうかが話題の時代である。

2．人の移動の地表面への広がり

コロンブス以来の500年余りの歴史は周知のとおりである。19世紀には南太平洋の島に小説家や画家が住んで，作品を世界に発表できる時代になった。地上には鉄道が開通した。

現代は世界を移動して芸術家たちが活動する。鑑賞する側もそのためだけに旅行する。数百kmの距離であれば今後も鉄道がなおある程度は使われよう。しかしそれ以上は飛行機がまず選択される。さらに人々の旅行への意欲は鉄道では到達できない地点に広がった。

「海外」という言葉が示すように，我々日本人には一歩国外へ出るにはもう鉄道は使えない。2006年には1,754万人の日本人が出国した。長距離の移動のために，資金と時間を鉄道利用からその方に転用する。

20世紀前半，多くの日本人は一生に一度は東京へも行き，富士山も見たいと願っていた。今はパリへも行き，ヒマラヤをも眺めたいと思う。航空技術の進歩はまたそれを促進した。21世紀の我々はそのような世界に住む。

地表面への興味は人によって異なる。地球上にはたくさんの「ふしぎ」や驚異がある。

自然そのもののふしぎを見たいという人には目的地は無数にある。なお我々の知らない土地が多いに違いない。人によって興味が異なるものの，地球の構造を知るには誰でも火山を見ようと考える。ハワイ島がその大規模な好例だし，さらにアイスランドは大陸移動を実証する。アイスランドの火山と気象とを体験すれば，そこに北欧神話の一部が生まれたという説明に納得できる。

自然が示す驚異の一つは，私には水の動きであり，変化であった。川は陸上における人間の生活を支配してきた。大小無数の川の高低と水量とが人間の生活に関連する。旅行しながら，この関連をみることができる。

ヨーロッパではバーゼル，ストラスブール，ケルンと下りロッテルダムまで行くライン川。ウルムからウィーン，ブダペスト，ベオグラードのドナウ川。あるいはジュネーヴを出てアヴィニョン，アルルへと流れるローヌ川など，人それぞれに関心が強い。

地表面における動植物の分布もまた多くの人の関心の対象である。例えばフラミンゴの美しさと演技は我が国でも注目された。その大群がケニアに生息する。それらの情報は全世界への旅行を刺激している。

3. 人間の生活，人間の文化を見る

　前2項に述べた関心と並んで，広く全世界に人びとが目を向けるのが現代の人間生活の様式であり，また先人が残した遺産である。それらについて説明の必要はないだろう。ただここで加えたいのは，我々の知識が情報網を通じて，ますます広く，深くなってきて，その現地への旅行を加速していることである。

　各国各民族は長い歴史の中で今日の衣食住の様式を作りあげてきた。そこには風土の諸条件に対応する知恵が働いている。

　その現在の姿を示す一つが各国の大都市であり，特に我が国には米国と西ヨーロッパの諸都市が対象となった。1964年，海外渡航が自由になってから，サンフランシスコやニューヨーク，あるいはロンドン，パリがまず注目され，市街地の形態から衣食住まで，たくさんのことが話題になった。やがてそれらの細部にまで興味が広がり，各国の各地にまで人びとが旅行する。

　それと同時に，あるいはそれ以上に過去の文化への関心が高まった。現代を見るのは，かつて学習した地理による刺激とすれば，過去に対しては歴史の知識を現地で確認しようということであった。幸い各地にその土地の歴史や芸術を示す遺跡と施設があり，さらにそこには広く他地域の文化も収集されている。

　その一つが宗教である。ある人びとがなぜそのような信仰を持つに至ったか。かつてインドにおけるシャカの聖地は到達に多くの困難を伴った。今はそれらの一部はそうではない（例，サルナート）。

　キリストの聖地は周知の通り現在は平和がもどるまで待たねばならない。逆にヨーロッパ大陸の旧東ドイツなどの土地は支障がなくなった。

　宗教と並んで思想家たちの世界を知ることができる。孔子ゆかりの曲阜（きょくふ，チュイフー）とかソクラテスのアテネとか一度は行こうと考えている人が多いだろう。

　芸術とゆかりの土地をたずねたいとの希望はさらに強い。それにはウィーンの森もあれば，ザルツブルクもある。フィレンツェもあればヴェ

ネツィアもある。

　今日パリといえばルーブル美術館が必ず訪問される。そこにはかつての権力者の財宝が一般人に近づきやすくなっている。

　まず最初はそれらの有名品を選んで見る段階から，特定の部門，特定の作品に興味が集中し，旅行がくりかえされる。21世紀はそのような時代になった。

　この段階では二つの問題が発生する。一つは国内の観光地への鉄道利用が減少すること，今一つは海外の目的地への交通とその土地や施設の収容能力である。後者は我が国でも特定の都市の行事の際に経験ずみといえる。

　21世紀を迎えて，すでに多くの疑問が解決したけれども，人間の関心はますます広がり，鉄道がそれらにどのように関与できるか，他の交通手段との競争の中でどの程度に地位を確保できるか，鉄道企業にはそれが問題である。

Ⅱ　なお鉄道への期待

1．大量移動に空間の不足

　21世紀に世界の人口が百何十億になるのか，それ以上なのか。いずれにせよ，大量の移動が加速されていく。交通の立場では，それに対応するだけの移動能力をどうしたら用意できるかと考える。少数の為政者や計画者が対策に責任を持ちうる規模ではなく，すべては市場原理に，率直にいえば成り行きに任せるより仕方がない。

　一国とか，その一地域とかには計画の試みはあっても，あるいは既存鉄道を保全しようとの施策はあっても，全体の傾向は利用者の動きに支配される。21世紀はさらに増大していく交通需要に種々の工夫がなされるとしても，特定の交通手段を強制することはできない。選択権は利用者にある。新しい海峡連絡鉄道に，客貨が転移するとは限らない。瀬戸大橋もそれを実証する。

　20世紀後半，水運・鉄道・自動車・飛行機の4手段がそろい，消費者主

権が行使された。それが現在の姿である。

　しかしその消費者も，解決できないことが一つ残った。それは目的地における空間の不足である。さらにその前に経由地における不足もあった。いかに特定交通手段を希望しても，施設を作る場所がなければ，その手段を使うことはできない。読者はまずそれが自動車の話であるのはすぐにおわかりであろう。道路と駐車場がなければ，車は使えない。そのような地域では鉄道に役割が残された。

　空間の不足は交通施設についてだけではない。旅行目的の当の施設自体が，あるいはその都市そのものが受け入れ能力を持たなければ，訪問希望者にどう対応するか。我が国の例では鎌倉・奈良・京都などに大量の旅行者が到達したときどうしたらよいか。20世紀後半私がたずねた多くの土地でもその不安を感じた。まずイタリアの古い都市や景勝地，例えばフィレンツェやコモ湖。それらの中で寺院や美術館なら行列制にし，先着順とする方法がある。しかし復活祭などの折，ヴェネツィアに旅行者があふれたときどうするか。サンマルコ広場はどうなるだろうか。これがすでに20世紀後半に私が感じた不安であった。

　我が国では富士山が登山者による汚染に悩まされている。同じことが他の山でもおこらないか。

　本書で私がこれまでの訪問地を実例として並べるのはその多くにこの種の問題を生じる心配があると考え，討論の材料としてである。それらは読者になじみの地名に取り替えてよい。目的が宗教であろうとスポーツであろうと，事情は変わらない。

　2006年7月開業の前述ラサへの鉄道も，早速7月の実績が以上に述べた収容力の問題を生じた。「開業から1ヶ月間にチベットを鉄道で訪れた旅客数はのべ7万1,000人を超えた」という（読売06年8月8日）。その前に「先月1日の全線開業」とあるから，これらは7月の31日間と推定し，1日では2,300人。

　他方，ラサの人気スポット「ボタラ宮」は施設保護のため，「入場者数が毎日2,300人に制限されている。」飛行機の到着もあるから，「入場券を

入手できなかった観光客の苦情が絶えないという」のはおこるはずのことであった。

小さなバケツへ水を注ぐパイプを太くすれば，たちまち水があふれる。私がヨーロッパで見た人気スポットの現象がここでもただちに発生した。パリのルーブル美術館では「モナリザ」へのフラッシュ使用だけでなく，カメラそのものを禁止した。それでもさばき切れないときどうするか。解決不可能の難問である。

2．21世紀へのスケッチ──交通を取り巻く諸条件

21世紀に交通を取り巻く諸条件はどのように変化するだろうか。

まず交通需要を発生させる人口と経済活動とは増加成長し続けるのか。

次に交通供給側にはエネルギー確保が持続するだろうか。

これら全体への条件として地球の温暖化，それに伴う水供給の変化はどのように進むのか。

また交通技術に進歩飛躍があるのだろうか。

これらについて長期予想は今日の我々の能力を超える。数年先も確実ではない。ただここに並べた事項が将来を決定する条件であることだけは確実である。さらにそれ以外の事項も影響する可能性がある。

交通の側からいえば，まず現在の人口規模が世界で2倍になる程度の条件を設定し，その場合の貨物輸送量や旅行者数の増加に対応できるかどうかといった作業のくりかえしになる。誰も正確な予測ができない以上，どの程度までなら対策が可能かを考えていくより方法がない。2006年65億人の人口が，2050年には中位の予測でも91億人になるとの説がある。

前項に述べたとおり，すでに空間の不足が始まっており，特定の地点では飽和状態が定着した。観光地として鎌倉やフィレンツェがそうであり，今の2倍の旅行者が押し寄せたときに工夫があるだろうか。人口規模が現在のままでも，所得の上昇がこれらの旅行者を増加させよう。

これに関連して一つの可能性は旅行目的地が全世界に広がり，旅行の需要が分散することである。特定の文化遺産や自然の風景へのこだわりを捨

てれば，集中の悩みは解決できる。モナリザやミロのビーナスは正確な模写，模造ですませる。システィナ礼拝堂などは映像によることにすればよい。

都市の混雑は，それ自体が一つの解決になる。鎌倉は混むからあきらめる。パリも敬遠するという答えが出るに違いない。魅力ある都市を新たに造ることもできよう。

しかしこれらすべては石油というエネルギー資源の永続を前提にした議論である。他の代替エネルギーの場合，電気自動車は動いても飛行機はむずかしい。人口は増加しても，長距離の国際間の移動量は抑えられる可能性がある。

さらにそれ以上に強大な制約条件は水の供給である。地球温暖化の中で乾燥地帯が広がらないかどうか。あるいはアマゾン川流域の開発がそのように影響するのか。水不足は交通量抑制という前に人口と経済の抑制に働く。

資源が不足してくれば世界の平和はつづかない。人類にとって最悪の筋書きが始まる。それを解決できるほどには人類は進歩していない。20世紀の経験はそのことを教えている。

私の記憶では1960年代後半から1970年代初めは，20世紀後半の中では珍しく，一部地域を除き，東南アジアから南アジアそして中近東までが一時期平和であった。アジア・ハイウェー（6.6万km），南アジア横断の鉄道（ヴェトナム－インド－トルコ　1万km）が計画推進された。日本の若者たちが，アフガニスタンからイラン，トルコ，バルカン半島を経てオーストリアまで乗用車で旅行できた。30年後の今日は不幸にも平和が遠のいた。計画された道路や鉄道はほとんど話題にならない。

当時はアフリカでもその東側に北から南へ鉄道を貫通させる提案があった。しかし他手段の進出もあったし，平和も脅かされて，21世紀にも実現の見通しはない。

国際間はもちろん，国内でも交通には平和が条件である。物資の不足，環境の悪化が平和の後退と重なれば，今日21世紀初めの交通体系は維持で

きない。まして進歩改善は論外となる。

　以上のように交通以外の諸条件は明るくない。それどころか，人間の思想そのものが紛争の原因になる。20世紀には共産主義の普及があり，東西の対立・冷戦がつづいた。現在はキリスト教・ユダヤ教・イスラムなどの対立がある。さらに一つの宗教の中で宗派が対立する。神は常に戦いの神なのである。この現実から目をそむけてはならない。

　さてそれでは交通の供給側に変化があるだろうか。我々は鉄道・自動車・飛行機・船舶の4手段それぞれに高速化・大量化などの努力を重ねてきた。しかし20世紀末の状況は，いずれも速度は現在が実用の最高にまできたという姿である。それ以上がなお技術では可能でも，実益はない。おそらく21世紀を通じてこの状態がつづく。鉄道は多くの国で最高時速300kmにとどまる。空間入手の限界だけではなく，速度引き上げにも限界がある。

　この交通において鉄道はどのような地位を占めるのか。政治の不合理が働かなければ，その路線は輸送密度に対応したものになっていく。日本や西ヨーロッパでは，政治路線の建設がなおつづくものの，国民の関心はそのような政治から離れていこう。新線の建設は永続しない。すでに米国のアムトラックがそうであり，我が国の整備新幹線もこの段階に入った。いわば資金の限界である。

　今後が以上のように予想される世界において，我々はすでに地球の大きさ，広さ（あるいは狭さ）を実感しながら，地表面に大量に移動する。

　その大量移動に対し鉄道は今日と同様に「すき間産業」でありつづける（第Ⅳ章第Ⅱ節第3項）。利用者がまず自動車か飛行機を選択することは21世紀末にも変わりようがない。技術面ではいずれの交通手段もすでに限界に達しており，それらの優劣も現在のままと予想される。特に鉄道を有利にする事情は平常時においては発生しない。したがって鉄道の自立経営の困難は多くの地域において解決困難であろう。

　ただし他の手段にも能力拡張に限界があれば，その限りにおいて鉄道は存続する。

第Ⅸ章　昨日の夢を捨てよう

Ⅰ　鉄道の今後の役割

1．鉄道旅客輸送に三つの限界

　20世紀初め，鉄道は数kmから数千kmまで，すべての距離に有効な輸送手段として期待された。すでに米国では大陸横断鉄道が活動し，ロシアではシベリア鉄道が開通した。今や21世紀は鉄道機能への期待の大半が消滅した。たしかに内陸の大量貨物輸送方式は重要な役割を果たしている。それは他の代替方法が想像もされないし，22世紀にも健在であろう。道路と航空の両面からの競争はあっても，存続の確率は大きい。

　しかし鉄道の旅客輸送は，20世紀後半からの努力にもかかわらず，需要は増加しない。人びとの移動は前章に述べたように「鉄道離れ」であり，道路と航空の競争力はさらに増加する。鉄道としては以下に述べる三つの限界を守り，拡大方針を取らないことが大切である。

　三つの限界は次の3項目である。

(1) 「3時間乗車」以上は飛行機には勝てない。3時間以下でも，道路混雑がなければ道路が優位に立つ。この前提の下でなお残るのが鉄道旅客である。

(2) 鉄道は高速化により「3時間乗車」の範囲を広げてきた。しかし高速にはエネルギー消費の増大を伴う。現在の方式では時速300kmに近づくと電力消費量が急増する。最適解はその一歩手前と考えられる。したがってその速度で3時間以内の到達が可能な区間が競争範囲となる。西ヨーロッパが（300＋X）km/hに入ったといっても，我が国の諸条件の下ではそれは望ましくない。

(3) 鉄道は線路などの固定施設費が高く，「輸送密度」がそれに対応す

るだけの大きさでなければ自立経営できない。納税者からの経費負担がなければ，輸送密度が自立経営を可能にする区間までが限度となる。米国の貨物鉄道はこの限界を守って自立できた。旅客鉄道では我が国のJR本州3社や従来の大手民鉄がそうである。

　以上3項目の限界をまず設定し，今後の技術開発によりその範囲を拡大できるか，また納税者が財政支出をどれだけ支持するかで，枠の拡大可能性を考えればよい。

　もちろん相手の競争手段にも条件改善の可能性がある。

　序章に述べた「世界のベストスリー」はこれらの限界と可能性を見究めて，自立経営しているといえる。

　その反対に疑問の多いのが西ヨーロッパ12国の「上下分離」経営である（付表8）。私見ではこの方式に対し国民の批判がおこらないのがふしぎだけれども，すでに国民は鉄道への関心を失っているのか，それとも都市圏内交通と同様に，都市間交通の鉄道にも自立経営をあきらめているからであろう。

　それは我が国では整備新幹線などに見られる態度である。

　さてそれでは以上の限界は中国などにも妥当するのだろうか。

　まず(1) 3時間乗車による選択は，飛行機と自動車が普及していけば，どこの国でもおこるはずである。中国が広い大陸だからといって，鉄道の長距離・長時間乗車がいつまでも続くはずはない。交通手段が整備されていけば，鉄道の長時間乗車は減少しよう（第Ⅱ章第Ⅱ節第1項）。

　これは中国の高速新線が主要都市間にめぐらされたときの判断として重要である。北京・天津と南京・上海などを結ぶ路線は夢があるようでも，全区間の乗車は長時間に過ぎる。いずれ今世紀の前半に答えが出よう。

　(2) エネルギー消費への対応は，その時期の石油の需給によって異なる。我が国が時速300km以上の運転に踏み切ることは，それによる旅客増加が確実でない限りは望ましくない。他の国々が高速営業を宣伝するとしても，それは自国と無関係と扱えばよい。

　(3) 財政助成と鉄道輸送との関係は，政治の問題であり，各国それぞれの

判断になる。まず都市圏は交通ではいずれも現行方式を維持していくに違いない。都市間交通では意見が分かれ，おそらく財政事情の悪化が助成削減につながる。

　国民が自動車，飛行機に慣れていくにつれて鉄道への関心がうすれていく。一体，現在の整備新幹線にこだわる人がいつまでも権力をもつだろうか。その空しさがやがて国民多数に理解されよう。かつては地方交通線の建設に熱を入れた政治家達がいた。今はいない。やがて同じことが新幹線に語られよう。

2．将来への本書の判断

　遠く宇宙に目が開け，地球が小さく見える時代に交通への意識も大きく変化した。21世紀の鉄道経営は需要者側の感覚のこのような変化の中でとらえられる。新幹線，TGV，ICEといった輸送方式が今後にどの程度に通じるのか。我が国のJRやヨーロッパの上下分離という企業形態は，費用の分担をめぐり，国・地方の財政とどのように調整されていくのか。21世紀の課題は尽きない。

　我が国では1980年代以降の試みが，果たしてどれだけの成果を収めたのか。残念ながら，多くのことが霧に包まれている。民営化という方向には官庁経営の弊害の打破に期待があった。しかし，多くのことが是正されながら，なお国民の資金が有効に使われているのかの疑問が消えない。

　これまで外国の事例といえば，まずアメリカ（米国）が参考とされた。鉄道でも一時はそうであった。しかし鉄道の実態は各国の地理条件により異なる。旅客輸送の比重が断然大きい日本と貨物輸送に特化のアメリカとでは，両者は全く別な世界に属する。

　日欧間では，同様に事情の違いはあるにせよ，なお共通点が認められる。本書に取り上げた旅客輸送がそうであり，都市間，都市内いずれも対比できることが多い。

　日本と西ヨーロッパの旅客鉄道は今後21世紀においてどのように運営されていくのか。20世紀半ばから両者の推移を見てきた経験から，私見を一

言で言えば，自立経営が可能な範囲は狭く，多くのことが国・地方の財政に依存する。財政に余力が小さければ，鉄道の業務活動はさらに限定される。

これに対して利用者の意識は地球規模で物事を考える。鉄道はその中の一小部分に過ぎない。つい半世紀前には寝台列車の時代があり，新幹線への期待があった。鉄道の技術革新に国民は未来を見た。しかし21世紀はもはやそうではなく，鉄道側が提示できるのも微細な修正にとどまる。時速300kmに20kmを加えるのは6.7％の改善なのである。

日本と西ヨーロッパとを比較して，いずれもこの段階に到達した。この現実をまず認めよう，それに基づき必要な対策を急ぐべきだというのがこの半世紀余りを眺めてきた私の結論である。

この経過を本書では私自身がかつて旅行した国々の実態に基づき説明した（第Ⅰ〜Ⅲ章）。ただし個人の見聞は限られており，ロシア・中国・インド・オーストラリアは他の方の経験を参考にした概要であり，比較のために数字を掲げたにとどまる。それでも世界各地域を類型でとらえ，今後の判断への基礎ができたと考える（第Ⅳ章）。

我が国の鉄道は特に人の移動に大きな役割を果たしており，諸条件が世界の中でも最も近い西ヨーロッパとを，最近の事例によって比較した（第Ⅴ〜Ⅶ章）。各国，各地域とも努力してきたものの，他手段との競争では自立可能な範囲は限られていた。日本も西ヨーロッパもその経験を重ねており，それを無視した政策を強行しても，成功はしない。

人びとの距離への感覚はすでに20世紀後半に大きく変化した。今後の交通を予測するに当たってはこの変化を基礎に置くことが肝要である。特に飛行機に比べて速度の遅い鉄道はそうなのである。今や人びとは飛行機の速度と運賃を尺度にして移動を計画する（第Ⅷ，Ⅸ章）。

21世紀において鉄道の役割は日本や西ヨーロッパでは狭く限定されていく。ただし幸いなことに，両地域にはなお鉄道を必要とする需要がある。鉄道企業はそれに特化すべきことを本書の結論として強調したい（第Ⅹ章）。

Ⅱ　我が国の鉄道は今や転換点

1．転換点における成功例と失敗例

　政治にも行政にも，そして企業にも，いつか転換点が訪れる。すべて一つの体制が繁栄し続けることはない。それらを取り巻く諸条件が変化し，競争者は対策を進めるからである。今日長年の歴史を誇る企業はこの転換点を賢明に乗り越えてきた成果を示す。その過程では過去の社名を捨てることも珍しくはなかった。銀行でさえそうであったし，鉄道もまたそうだったのである。

　その歴史の中で転換期における選択が常に賢明だったかといえば，必ずしもそうとはいえない。例えば20世紀半ばから米国の鉄道旅客部門は苦悩の連続を示した。

　ニューヨーク（市）には旅客鉄道ターミナルとしてグランドセントラル（旧ニューヨークセントラル鉄道）とペンシルヴェニア（旧ペンシルヴェニア鉄道）の2駅がある。かつてそれらはそれぞれの鉄道会社によって経営されていた。しかし1945年以後，自動車交通と航空の能力が急速に拡大し，鉄道の旅客輸送がまず敗北した。そのころ，グランドセントラルを持つ鉄道の社長は大陸横断の旅客列車はサービス向上により存続発展できるとの積極策を打ち出し，株価も一時上昇した。しかし努力の破滅は明らかであり，やがて彼は自殺した（1958年）。

　第二次世界大戦が終わり，米国経済が活気に満ちていたとき，特に航空においては戦時の能力が平和の目的に転用されたのである。そのころ航空会社は世界に路線を延ばし，その代表例の一つにパンアメリカン航空（PANAM）があり，同社はついにグランドセントラル駅のビルを買収した。鉄道の航空への敗北を象徴する出来事であった。しかし同社も航空業界の熾烈な競争の中で1990年代に退場した。

　鉄道側の存続策としてはまず2社が合併し「ペンセントラル」と称した。しかしそれも次にはさらに他の企業と合併した（コンレール）。その際鉄道会社は旅客鉄道から撤退し，純粋の貨物会社に転換し，旅客部門は前述

のアムトラックに移った（第Ⅱ章第Ⅰ節第2項）。

「世界の鉄道」はさらに次のように述べる（p.355）。

> また北東地域の6つの破産鉄道を統合して1974年10月に設立されたコンレールは，連邦政府の特別な資金援助を受けて経営再建を成し遂げ，1981年には黒字経営に転じ，1987年規制緩和により鉄道合併が進行し，1998年夏にCSX（CSX Transportation）とノーフォーク・サザン鉄道（Norfolk Southern）の両鉄道によって分割・吸収された。

今日，貨物鉄道会社は549社を数える中で，七つの1級貨物鉄道が支配する。半世紀余りの間に寡占が進んだ。

すでに第Ⅲ章第Ⅱ節第2項に述べたように，存続する鉄道は2種類しかない。第1はそれ自体として収支均衡する鉄道であり，米国の鉄道貨物部門はこの道を選び，体制を整えた。貨物輸送において政府が公共助成する理由はないとの判断に基づく。資本主義体制としてそれは当然といえた。それでは旅客輸送についてそうしなかったのはなぜか。そこには我が国の表現でいえば，「企業性」に対する「公共性」の判断があったと考えられる。

米国の以上の経過は鉄道企業が株式会社によって主導されてきた歴史を反映する。それに対し西ヨーロッパでは国有国営が主流であったので，全く別個の方式が工夫された。その先例をまずスウェーデンが1988年に作り，1991年にはECの方針としてその「上下分離」方式が推進されることになった（第Ⅰ章第Ⅱ節第1項）。基本の考え方として上下いずれも黒字が望ましいけれども，下部組織の赤字はやむをえない。上部だけは公共助成をしないということであった。「公共性」の議論を下部に集中し，納税者の責任を限定したわけである。

上下分離の実施方法は国によって異なり，それぞれに試行錯誤をくりかえした（第Ⅰ章第Ⅱ節第1項）。これが成功の決定打という方式は発見されていない。状況に応じて公共助成を増減し，かつ輸送力そのものも存

続・廃止の議論を続けることが予想される。

　我が国の場合は，すでに述べたように，大量の旅客が存在し，JR旅客6社はそれぞれ自立経営，それと並んで従来の民営の旅客会社も存続という体制が1987年に発足した。いわば在来の旅客会社の成功に学んだわけであり，米国ではそれが貨物会社において実現しつつあった。

　ヨーロッパはおそらく先例がほとんどない状態で上記の構想を創出し，EC＝EUがそれを普及させた。いわば行政官僚の戦略であり，成功が実証されていなかった。各国それぞれに独自の具体策を展開し，いずれも我が国の鉄道には縁遠いものであった。反対にJR本州3社が株主に配当できる好成績という姿は西ヨーロッパには想像もできないことであろう。

　我々の目から見れば，単純に必要な公共助成を与えて在来の公私の企業を存続させるという形がどうして採用できなかったのか，疑問が残る。スイスはこの形の例であり，西ヨーロッパはこの方向に進むべきではなかったかと考えられる。

　ここで鉄道史を過去にさかのぼると，鉄道経営は民有民営で始まり（英，米），ドイツも当初はこの方式であった。しかし資金調達の困難な所では公有公営も生まれた。1872年の我が国もそうであり，官有官営として「官鉄」と呼ばれた。間もなく鉄道投資が有利と判断され，20世紀初めには，私鉄路線の方が官鉄より長くなった。東北も山陽も民間の建設であった。

　この段階で全国統一運営が望ましいと「鉄道国有化」があり，全国の鉄道を政府直営とし（「国鉄」），一地方限りの路線を民間に認めた（「民鉄」）。

　1930年代，民鉄は乱立と自動車進出により，経営不振に陥り，企業をいくつかの系列に分けて合併する措置が進められた。この1930年代は転換点であったけれども，戦時体制下に問題は先送りされた。

　やがて敗戦となり，占領軍総司令部GHQは国鉄等の現業職員を行政一般の職員とは労使関係の上では別個の扱いとするために，国鉄を公共企業体とさせた。その時，GHQは特に政府従属型の組織とすることを求めたのではなかった。しかし成立したのは自主性の欠けた体制であった。それでも国鉄が自立経営できている間は政治行政の干渉は少なかった。

不幸なことに，国鉄経営が最もよい収支状態を示した1963年度の途中で，政府は突然，物価対策として公共料金抑制をいい，国鉄は64年度に赤字に転落し，以後黒字にもどることはなかった（図1）。

　このころから運賃の抑制・投資の強行・自動車と航空の進出・労働組合の革命運動などが重なり，国鉄は年々赤字を累積した。赤字はいうまでもなく，負債の膨張となった。

　しかし幸いなことに国鉄路線2万kmのうち1万kmにはそれ自体として自立を可能にするだけの旅客輸送量があり，しかも旅客鉄道としては全国にモデルとすべき民営鉄道が存在した。大手民鉄，中小の民鉄それぞれに参考になったのであり，国鉄は地域分割・民営化された。また貨物輸送はJR旅客の線路を使用する企業として独立した。自社の線路以外の営業が主であり，その部分はヨーロッパとは意味が異なるものの，上下分離であった。

　また別の幸運があり，国鉄改革の成功を助けた。たまたま1987年初めに，後に「バブル」と呼ばれた好景気が91年まで続き，国全体が高度成長に自信を持った中で，JR体制も好成績をあげたのである。JR7社すべてが前途に希望をいだいた（第X章第III節第2項）。

　転換点においてJRの成功は確実と見られた。しかし幸運な日々にも終わりがきた。「バブル」がはじけたのが確実になった92年ころから数年のうちに，7社の輸送量は増加をやめ，停滞減少に入った。幸い自立の精神が定着し，また大都市における輸送力増強投資ももはや大規模ではなく，特に新幹線への投資は企業に重圧とならない措置が取られていた。

　90年代JRはなお高い評価を受けたまま過ぎた。

　しかし21世紀に入るころから，JR四国と北海道，それに貨物は前途の困難が明らかになり，その金利収入に別途の措置が講じられるようになった。不幸なことにそれらは国民に目立たないように続けられた。過去の国鉄の例からいえばそれは明らかに誤りであり，悪化の兆候があれば，それを早くに国民に知らせ，国民の理解を得て対策を進めるべきであった。今日21世紀初めに，我が国の政治行政は1960年代半ばからと同じ誤りをくり

返し始めた*。

　需要の減少があれば，鉄道企業はすべて対策を急がねばならない。他の比較例として，大手民鉄10数社の中で，関東よりも関西がまずそうなりつつある。

2．なお需要"粉飾"の発生

　2005年8月秋葉原からつくば市への路線（つくばエクスプレス，TX）が開業し，両端地域にも沿線都市にも活気を与えるものとして大きく期待されている。しかしそれは「存続する鉄道」としての条件を備えているだろうか。

　開業第1年目は7ヶ月余りに1日当たり15万人の利用があり，初年度目標の13.5万人を超えたという。第2年に入り18万人に増加した。

　ここで私が指摘したいのは，この種の計画にしばしば見られるように，架空の需要予測が計画推進のためになされてきたのではないかという疑問である。数字は次のとおりであった。1日当たりの利用人員は15年前の免許取得時の予測47.4万人に対し，今後の需要増加はあっても，なお隔たりは大きい。

　　免許取得（1992年）　　　　47.4万人（2000年）
　　事業計画見直し（1996年）　38.2万人（2010年）
　　開業時期正式発表（2003年）29万人（2010年）
　　運賃申請（2005年）　　　　13.5万人（2005年），29万人（2010年）
　　実績（2005年）　　　　　　15万人
　　出典：平田一彦氏資料

　しかしこの種の「粉飾予測」はつくばに限ったことではない。我が国の

＊JR「三島会社」とJR貨物の4社は，2006年で打ち切る予定だった固定資産税減免措置を引き続き受ける検討がなされている（日本経済新聞，06年8月7日）。05年度ベースで減免額は九州47億円，北海道27億円，四国11億円，貨物15億円。なお三島の経営安定基金の運用を，JR本州3社の負担で，有利にしてきた措置も継続の方向という。

鉄道計画には残念ながら最近も珍しくないように見える。埼玉県川口市を通る「埼玉高速鉄道」(2001年開業)もそうであり，数字は次のとおりであった。

  免許取得（1992年） 23万人（2000年）
  開業直前見通し（2001年） 14万人
  実績　（2005年度）   6.9万人
  出典：同上

 免許取得時予測の1/3弱の実績にとどまる。つくば以上に経営困難が心配される。

 私企業であれば完全に破産しているはずの状態が，実質は公企業であるため誰もそれが消滅するとは考えない。つくばエクスプレスはもちろん，埼玉高速鉄道もそうであろう。しかし，その損失は帳簿の操作ですむことではなく，誰かが実際に負担しなければならない。

 まず過去の債務を返済できなければ貸した方があきらめる。営業収支が償却後の赤字なら，企業は当分はそのまま列車を動かし，車両施設が老朽化する段階で廃業する。そのとき出資者は資金を取り戻せない。もし償却前赤字なら，賃金未払いなどがおこるか，借金でその場はしのぐ。しかしその貸主はやがて回収不能となる。

 鉄道事業の筋書きはこのように決まっており，かつてそれを巨大な規模で演出したのが日本国有鉄道（「国鉄」）という公共企業体であった。すでにその解体，JR7社への移行から20年となり，JRがそのような前歴を持つことを知らない人がふえてきた。しかし少子高齢化がさらに進めば，JRもJR以外も，つくばや埼玉高速のような危険が発生しかねない。

 外国の例では前述のユーロトンネルの「破産」問題がある（第Ⅰ章第Ⅱ節第1項）。

 国民，特に納税者として重大なのは，現在の鉄道路線や計画路線が，すでに第Ⅲ章第Ⅱ節第2項に述べた「存続する鉄道」に入るのかどうかである。

 その第1は「競争があっても自立経営が可能」であり，第2は「欠損で

あっても国民が公共助成を是認」であった。

　くりかえし述べてきたように，今日の鉄道は自動車と飛行機の挟撃を受けながら，その間に生きる「すき間産業」である。その際自立可能なほどに大量の客貨が残るのは特に恵まれた区間に限られる。

　また鉄道路線として有利なのは，路線全体に帯状に平均して通過量が存在する場合であり，通勤鉄道のように一方向の列車だけが実車，反対方向は空車では不利である。大都市近郊線も両方向の需要を期待し，沿線の土地利用を推進してきた。しかしその種の計画には困難が多い。

　少子高齢化時代の到来は1970年代にはすでに専門家に予測されていたことであり，またこのころから鉄道と自動車・飛行機との競争が急進展した。したがって山陽新幹線からつくばエクスプレスに至るまで，このころからの開通路線は上述の第1のグループに入るはずはなかった。その推進者は，第2のグループであることを覚悟し，公共助成を前提条件として社会に示しておくべきであった。

　残念ながら山陽新幹線着工時の国鉄も，その後の大都市鉄道計画にもこの措置が不足した。その極端な事例が上記2鉄道となったわけである。ここで今一度そのつくばの数字を見ていただきたい。免許取得時の47.4万人はそれだけあれば収支均衡，自立採算が可能という数字だったのではなかろうか。数量が2005年度の3倍なら，収入は3倍にふえ，経費は一部が3倍にふえるだけで，他はそれほど大きくはふえないから，収支は黒字になる。また1992年から数年で開業できておれば経費は小さくてすんだ。実際は開業までに10年以上かかり経費は大きくふくらんだに違いない。

　事業計画見直しの1996年38万人は，当初計画の8割だけれども，収入が2割減でもなお工夫すれば，自立が可能と考えたのであろう。今後に重要なのはここ数年のうちに需要がどれだけ伸び，この間の債務の増加にどう対応するかである。それがうまくいかなければ，債務の処理が不可能となり，破産する。しかしドーヴァーでもそうであるように，破産させたとしても，債権者側にも得るものは少ない。ただ，早く破産させた方が，残るものが多いだろうというにとどまる。

3．大切なのは状況の正確な把握

　前項に述べた二つの新線は，いずれも免許取得が1992年であり，国鉄改革＝JR発足の1987年の5年後であった。鉄道関係者には鉄道がすでに衰退産業であり，規模を縮小すべき産業であることへの認識はなお生々しかったはずである。

　しかしJRが高い評価を受けていたためか，2路線の大きな需要予測を行政当局でさえ是認あるいは黙認したのであろうか。自治体の首長たちが地域開発計画を述べれば，鉄道行政側はそれを前提にしたのかもしれない。1992年時点でもなお鉄道計画が成功するとされたのであろう。しかしそれは，1960年代から80年代までの30年間の経過をよく学び取らない判断であった。

　事業をおこそうとする者は周囲の条件に目を配るはずである。しかし今日多数の地方自治体が財政困難に陥っているのを見れば，今一度過去への学習を強調しなければならない。

　それでは現在の実態が正確に伝わっているだろうか。残念ながら鉄道については十分ではない。理由はいくつかある中で，まず第1は行政と企業の経過が当事者内部だけの知識にとどまり，部外者には周知されていないことである。情報公開が進められ，少しは情報が得やすくなったものの，今日までのJRの経過でさえ不明のことが多い。例えばユーロトンネルの破産が伝えられ，青函はどうかの疑問が国民にある。しかしその実態を国民は解明できるだろうか。

　この意味では新聞，放送などへの期待は大きい。しかしそれらが国民の関心事を網羅しているとは限らない。鉄道投資に限らず，他の部門でも納税者への負担を，納税者の知らないうちに積み重ねている心配がある。

　第2の理由は過去の経過についての情報が正確には記述されていないことである。社史がその企業の記録としては存在していても，自社に不利な経過は書かれていない恐れがある。また当事者に隠す意図がなかったにしても，やがて重大な結果を生む原因への認識が不足していたかもしれない。

　国鉄については，50年，100年の節目に公の記録が刊行されている。そ

第Ⅸ章　昨日の夢を捨てよう

こに書かれている個々の事実は正しくても，書かれなかった事実もあれば，その事実に至る流れが抜けているかもしれない。

それらは後世の研究が補わねばならない。しかし後世の研究が過去を発掘するのに困難が大きい。第Ⅵ章で東京とベルリンの関係を詳細に取り上げたのは，現在の姿に至るまでの経過において，なお説明に疑問が残っていたからである。過去を正確に遠近法の中に配置する配慮が欠け，1890年代の話に1900年以後の経過が混入していた。いかに有能な計画者でも，数年後におこる経過を事前に予測し，それを根拠にすることはありえない。

第3の理由は，すべて現在の姿を肯定し，別の可能性がありえたことへの比較検討が欠けていることである。たしかに東京駅や山手環状線の実現は国民に歓迎された。しかもそれは納税者への負担なしに実施できた。それだけを見れば，非の打ち所はない。

しかし物事にはそうでない部分がある。中央駅へ一点集中させる構想は，ベルリンの規模では可能でも，東京ではそうすべきではなかった。その中央通路は収拾不可能の混雑に陥る。そのような検討が早くからなされていてもおかしくはなかった。

今日までの経過はこのような反省なしに進んでいるのではなかろうか。やがて上野止まりの東北・高崎・常磐の列車がそこに入り，東海道へも直通するという。それがドイツ流の合理性であり，彼らがベルリンに初めて「中央駅」を開業させたといっても，それは現在，将来の東京に望ましい姿ではない。そのような批判があっておかしくはないと私は考える。

実際には，つくばエクスプレスについても東京駅乗り入れの主張があるという。

この集中促進型が望ましいかどうか，今ベルリン中央駅開業の機会に改めて検討されることが望ましい。

それでは鉄道経営そのものについてどう考えるべきか，次章にそのことを取り上げる。

第X章　21世紀の選択

I　今後の対策

1．基本の前提は需要の存在

　我が国の経験では，19世紀に鉄道は旅客・貨物が「大量」「定形」「継続」の状態で存在しうる区間から開通し，20世紀にはさらにそれらの黒字線の負担により赤字線（需要がこれら3条件のいずれか，あるいはすべてを充足できない路線）を建設した。また旅客の黒字で貨物の赤字を埋めることもあった。これらのプール制が自動車の普及まで続いた。

　しかし赤字輸送の追加がさらになされ，他面自動車は急増し，航空能力も躍進して，国鉄には赤字が定着した（図1参照）。民間経営の方は路線の整理縮小によって対応した。我が国だけでなく，鉄道先進国すべてが同じ経験の中で苦闘し，米国の貨物鉄道はやがて黒字経営を回復した。

　国鉄は分割・民営化によって活路を見出し，西ヨーロッパは上下分離制を採用した。ただしこの上下分離制に疑問の多いことはすでに述べたとおりである（第I章）。

　我が国にも他の国にも，さらに今一つの問題が残った。それは改革当初のしばらくは成功でも，その後に競争手段がさらに進出し，鉄道の客貨が減少したときどう対応するかである。事実JRには1990年代にこの難問が発生した。その対策は国民に余り目に触れない形で進められた（前章第II節第1項（*）参照）。西ヨーロッパ諸国もそれぞれに工夫し，あるいは負債を累積していよう。時代の変化への賢明な対応が望まれる。

　この段階において前章第II節第2項に述べた2路線が免許された1992年は，なお鉄道の前途が明るく描かれた最後の段階だったからかもしれない。投資は逆風に向かっての船出であった。

整備新幹線計画もその後のJR旅客の停滞に気づかないような形で進められている（次項）。

ここで今一度，国鉄改革の成功を振り返ると，JR発足の前に低輸送密度の「特定地方交通線」*3千kmの転換廃止を決定していた効果が大きかった（序章第Ⅱ節第3項）。国民に鉄道の役割の変化を知らせたのである。それは鉄道関係者にも今後の担当すべき分野を教えた。

それから20年以上たち，鉄道の利用は低輸送密度の区間でさらに減少している（付表14参照）。在来線の存続も新路線のこれまでの計画も改めて見直すべき時期にきた。

2．投資計画修正・営業路線縮小の必要

21世紀になってからも新幹線への投資が毎年行われ，最近は毎年2千億円を超える（第Ⅲ章第Ⅰ節第1項参照）。1km50億円として40km，100億円なら20kmである。

すでに併行在来線の旅客輸送量が伸び悩みか減少の区間に新幹線を要求するのは「政治判断」でしかない。またユーロトンネルの会社の破産がいわれる段階で青函トンネルに新幹線を通し，貨物列車に別途の対策を講じるのでは，納税者の負担はどうなるのだろうか。その計算を明示し，国民の判断を求めるべきである。

21世紀初めに発足した小泉内閣は改革を強調したけれども，鉄道政策には目が向けられなかった（参考文献6を参照）。鉄道はJRの体制で十分であり，他の分野に改革が必要とされたのであろう。しかしその内閣の5年間に鉄道もまた状況が悪化し，課題は新内閣に移された。

2006年はこの意味の対策として池田－北見間の路線廃止（第Ⅳ章第Ⅱ節第2項）があったけれども，全国全路線の存続の可否を検討すべきである。その必要は我が国も西ヨーロッパも変わらない。

また新幹線投資についてはそれが東京－大阪間の距離以内，すなわち，

＊1営業キロ当たり輸送人員が1日4,000人未満の路線（序章第Ⅱ節第3項）。

「3時間乗車」以内において有効な方式であることを今一度認識すべきである。「全国新幹線」の美名にとらわれてはならない（第Ⅲ節第3項）。2011年春，九州新幹線が完成し，鹿児島－大阪間は「4時間」になるという。しかしその4時間では飛行機と競争にはならない。一体，誰が乗る予想なのだろうか。

　このことは日欧いずれも同じなのである。あるいは今後に建設される中国の高速新線においても変わらないだろう。北京－上海間（1,300km）に開通したとして飛行機とどう調整するのか，注目される。

3．経営責任の自立

　鉄道経営における収支均衡が失われれば，投資拡大どころか，運営の存続が問題になる。その事例は我が国の鉄道にも見られるし，世界では特に鉄道発祥のイギリスにおいて注目される。

　イギリス国鉄の場合，上下分離方式は発足直後は成功のように見え，間もなく行き詰まった。しかも列車事故を伴ったのである。下部業務まで民営化を徹底したのが注目されたものの，施設更新の不十分が事故につながったと見られ，体制の再改革，いわば逆行となった。

　1994年，すなわちユーロトンネル開業の時期に発足した体制は8年後の2002年に修正された*。さかのぼると第二次世界大戦後，イギリス国鉄は種々の試みをくりかえしながら，体制は安定せず，官僚と学界の机上論に災いされたように見える。

　政策と経営の動揺は施設・車両の水準に表れる。イギリスに行けば設備が大陸より悪いことに誰でも気づく。ここでおきる疑問は島国のイギリスにおいて果たして今の規模の旅客鉄道が必要であるかの疑問である。そのようなイギリスでユーロトンネルの民営会社が破産するのは当然であった。

---

*1994年，上下分離によって設立された下部組織（線路保有会社＝レールトラック）は毎年利益を計上する中で老朽レール破損の事故を招き，2002年には「英国鉄道の基盤施設は，……事実上公的管理のもとに戻ることとなった。」（「世界の鉄道」p.163）

付表1にもどり日英の数字を比較すれば，イギリスの困難は余りに明白であり，上下分離論の根拠が改めて問われる。

イギリスがその過程で示した教訓は，一度老朽化した設備の更新改良がいかに困難であり，巨費を要するかである。「世界の鉄道」は次のように述べる（p.165）。

> イギリスの鉄道の泣き所は老朽化した設備であり，幹線電化や信号保安設備の近代化が遅れていることである。旧BRの時代から設備投資は常に抑制され，保守党政府による民営化後の枠組みの中でもこの問題は解決されなかったどころか，むしろ大きな破綻を見せた。現在は労働党政府がその是正にあたり，鉄道ネットワークの整備に関しては政府の機能強化で対処しようとしているが，今後の進展が注目される。

このような現実の背後には専門能力の低下が推定される。それらの人たちが意欲を失えば技術水準の維持はむずかしく，まして開発は望めない。イギリスは「高速新線」の競争にほとんど参加できなかった（BR＝British Railway Board, イギリス鉄道公社）。

専門能力の低下は経営難の企業に必ず発生することであり，我が国もよそ事ではない。

今日の西ヨーロッパでは2004年，05年と黒字を回復したドイツ鉄道の経営が注目される。

II　展　望

1．最悪のシナリオ—政治は逃亡・経営は崩壊

21世紀も第7年目というのに，我が国や西ヨーロッパでは鉄道経営の前途は明るくない。その原因の一つは政治が解決に真正面から取り組んでいないためである。

今日JRの中にも経営存続の困難が発生しているのは第Ⅸ章第Ⅱ節第1項に述べたとおりで，輸送の実態が伴わなければ，経営努力で解決できることではない。

　北海道の例では，かろうじて収支均衡は維持しているものの，その営業キロ2,500kmのうち，32％の800kmは「1日の輸送人員が500人未満という超閑散線区である」（「週刊東洋経済」06年9月2日）。

　すでに国鉄改革当時，輸送密度4,000人未満の路線はバス転換が妥当として処置していたはずであり，その後にこれらの線区がふえたとすれば，同じ方針で対策を講じておくべきであった。しかし政治はそれを怠ってきた。

　周知のとおりJR三島には経営安定基金が与えられ，その運用益で欠損を補うことになっていた。しかしその額は当時の輸送密度を前提にしていたはずである。営業キロの32％が「超閑散」になるとは予想していなかった。

　本来，政治は何年かに一度，在来の政策を見直すべきであろう。道路，空港の整備が進む時代に，鉄道政策を20年も放置しておいてよいはずはない。しかも北海道には青函トンネルの維持という重荷が加わっている。その青函は次の通りといわれる（同上）。

> 　老朽劣化施設の改修のため，今後30年で1100億円が必要となる。数年前に取り替え資金の3分の2は国の補助金，3分の1がJR北海道の負担という仕組みができたが，国は財政事情もあり，予算の3分の2しか執行していないのが現状である。

　政治の無策は我が国の鉄道についてだけではない。すでに紹介したようにドーヴァーではトンネル会社の破産問題をどう解決するかが注目される。フランスはTGVの東線が完成する段階で過去の負債累積の抜本策を迫られよう。

　どこの国でも，政治は大投資の計画を華々しく打ち出し，その国民負担

は後の者の責任としてしまう。

　今後，中国の鉄道大投資がこの課題をどのように解決していくのか。その手法はあるいは資本主義諸国に参考になるかもしれない。西ヨーロッパの多くの国は上下分離制度の下で鉄道の赤字増大に困惑しているはずである。結局は納税者の負担になるとして，どのような形の税で支払わせるか，利用者との関係をどう決めるのか，先送りするほど負担が大きくなる。かつての国鉄の例を見るまでもない。

　19世紀に人間は鉄道という道具を発明し，20世紀半ばまではその恩恵を大きく受けたものの，以後今日まではその扱いに成功した例は少ない。それどころか鉄道の経営は崩壊していくことになりかねない。

　ここまで問い詰めてきて私がいつも不思議に思うのは鉄道人がそのことを国民に知らせようとしてきたのかどうかである。それとも政治の圧力を恐れて無言のままなのであろうか。かつての国鉄改革は，国鉄の実態がマスメディアの力で国民に周知されたときに急進展したのであった。

2．鉄道人の説明責任

　鉄道の世界をその内と外から66年間眺めてきて，特に言いたいことは，なぜ鉄道人が自己の主張をしないのかである。たしかにその実例がなかったわけではない*。しかしほとんどが単発に終わった。

　結果としてその発言内容は正しく，それを無視した政治は結局，国民に重い負担を残した。日本もヨーロッパも20世紀後半の鉄道投資と鉄道経営が納税者の重荷になっている。

　ここで私が言いたいのは負担の発生が国民に周知されないまま，政治がそれを発生させている事実であり，鉄道企業側もそれについて発言していない事実である。これでは両者いずれも国民への責任を果たしていない。

　負担の発生は二種類ある。一つはいうまでもなく赤字を招く投資である。

　＊国鉄時代の実例としては総裁石田禮助が朝日新聞に投稿した「ラッシュ打開論」（1967年2月19日から5回）などがある。

今一つはすでに赤字を発生させている輸送の存続である。これらについて鉄道企業側はなぜ正確に実態を国民に知らせようとしないのか。

すでに述べてきたように，20世紀後半の鉄道は存続の分野を狭められてきた。21世紀はさらにそうなっていく。その事実と今後の見通しについて鉄道企業は正確に展望を語るべきである。納税者のためには当然であり，それはまた従業員のためにも必要なことである。不可能は不可能といわねばならない。

3. 21世紀の可能性

鉄道は20世紀に引き続いて偉大な何かを成し遂げるだろうか。それとも現状の維持のままに終わるのか。ここでは着目すべき項目として，次の五つの可能性をあげておきたい。

(1) 高速度の実現
(2) 高速度の普及
(3) 交通における分担率の拡大
(4) 民営体制の存続
(5) 自立経営の達成

まず第1の速度ではすでに（300＋X）km/hの時代となり，さらに高速化の計画や研究がなされている。また400km/h以上を掲げる「超高速鉄道」の開発がある。

第2の高速度の普及は，日本では新幹線の輸送人キロがJR全体の3割を超えた。フランスのTGVは5割以上であり，新線の開通はさらにそれを押し上げよう。

第3の分担率は，輸送人キロ，トンキロで見る限り，20世紀後半は自動車と飛行機の進出に鉄道の低下が続いた。低下は今もおさまらない。21世紀に何かの転機があるだろうか。

第4の民営体制は，19世紀以来の歴史の中で国公営と民営とがどのように選択されるかであり，今は我が国ではJR等の民営体制，西ヨーロッパでは多くの国が上下分離である。しかし制度は時代とともにゆれ動いてい

第5の自立経営は，費用の利用者負担と納税者負担を，どのように組み合わせるかの選択である。利用者負担への徹底が望ましいといわれながら，現実は鉄道を「社会装置」と扱う主張が絶えない。今日の新幹線投資がすでにそうである。

　以上五つの論点を頭に置いて世界の鉄道を眺めたとき，どのような展望が得られるか。今日までそのような問題意識を持ちながら，資料の入手難に悩まされてきた。しかし幸いに「最新 世界の鉄道」（参考文献1）の公刊があり，これまでの経験と合わせて私なりの答に納得できた。

　<u>もはや20世紀後半のような輝かしい飛躍はない。しかし堅実な運営管理の下で現在の輸送の多くは存続できる。それには利用者と納税者の責任を明確にしなければならない。残念なことに過去の教訓は，それを無視し，それをゆがめる主張が政治行政に横行することである。そうであれば，鉄道は衰退し，今度は立ち上がるのはむずかしい。</u>

　<u>将来は必ずこの方向に進むというのではなく，常に選択なのである。すでに21世紀における選択が始まっている。</u>

　それでは我が国にどのような選択がありうるだろうか。JRについて過去40年の経過を今一度要約し，次の20年を考えてみよう。

III　JR20年，次の20年

1．発足前の23年（赤字累積下の苦闘）

　1949年発足の公共企業体・日本国有鉄道が23年間の赤字に転落したのが1964年であり，その直前が7年連続の黒字だっただけに，多くの人は赤字は一過性と考えた。しかしすでに資本主義国の多くの鉄道が欠損に転落していた。我が国では大手民鉄の健全経営が模範とされてきたけれども，それは特に輸送密度に恵まれた例外であった。

　20世紀後半，西ヨーロッパの国鉄（あるいはそれに相当する企業）も米国の鉄道も，長期にわたり赤字に苦しんだ。ようやく苦境から脱出で

きたのは，日本の国鉄・米国の貨物鉄道・スイス連邦鉄道であった。米国は旅客部門を切り離し貨物鉄道として再生した。我が国は逆に旅客部門が自立した。スイスは客貨両面の条件を生かし，それら二つの柱により成功した。ただし自立したといっても，その前提にはそれまでの公共助成が存在した。

公共助成がなされたのは，自動車と飛行機の進出に有利な客貨を奪われた鉄道を，それでも存続させねばならなかったからである。最大の理由は他の手段では運びえない旅客，特に大都市の通勤が残ったことによる。一部の国には「高速新線」の建設があった。

我が国の場合，全国に新幹線網を整備し，青函トンネル，瀬戸大橋を開通させるという政治目的が支配した。しかし国庫に無限の資金があるわけではなく，政治家・官僚はやがて自信を喪失し，ついに改革を認めた。

改革は国鉄を地域分割し，かつ民営として，企業の責任を地域単位に明確にした。米国の場合は，鉄道企業の責任から旅客輸送をはずし，さらに企業の合併を認めた。スイスの場合は公共助成によって施設を整備し，在来の体制のままで黒字に復帰した。

このように異なる三者に共通なのは自立を可能にするだけの輸送密度，したがって営業収入の路線が存在したことである。そのころ，鉄道には幸いなことに，1980年代後半には競争相手の自動車・飛行機も成熟段階に近づいていた。それまで残っていた鉄道路線の多くは21世紀においてもなお存続の可能性が大きい。ただしかなりの路線は整理が必要となった。

鉄道対策といえば公共財源で投資せよ，赤字対策を講じよとなりやすいけれども，今日なお旧国鉄の巨額の債務が一般会計の重荷であることを忘れてはならない。1987年のJRの発足に当たり国鉄関連の債務の大部分は一般会計に引き継がれ，1998年度末にその額は24兆98億円とされた。2005年度末になお21兆8,492億円なのである。新規の投資の前にまずこの債務を処理しなければならない。その返済は今後長期間続く。

2．20年間の成果

　JRは国鉄時代の遅れを取り戻し，接客面も技術面も改革に成功した。1981年マスコミは大キャンペーンを展開し，職場の荒廃を批判した。その荒廃は消え，旅客が列車の乱れにいら立つことは，ごく一部の区間を除いて，なくなった。新幹線はフランス並の300km/hを達成した。かつて，TGVの17年も前に発足した新幹線は，その後の労働組合に速度向上を阻まれ，ヨーロッパに遅れを取っていたのであった。

　出改札業務の自動化も進んだ。

　本州3社は株式を上場し，すでに完全な民間会社となった。三島3社と貨物の4社にはなお困難が大きい。一言でいえば，自立を可能にするだけの輸送密度を欠く。三島も貨物も国鉄改革の趣旨に沿って努力してきたものの，与えられた条件の不利に対しては規模の縮小以外に対策はない。

　なおJR各社は今日，単なる輸送会社ではなく，広く関連事業に乗り出し，いわば輸送を一部門とする総合企業に発展した。参考例には大手民鉄などの活動があった*。それでは今後に輸送の技術面，制度面でなお改革すべき事項があるかといえば，まず高速化はエネルギー消費と環境保全の両面から限界に来た。制度面ではこの20年間に運賃の大改正がなく，行政は実行困難な算定方式**を示しているにとどまる。JR全体の大改正が必要になった段階で改めて検討がなされよう。希望としてはかつての「公共料金抑制」策（1963年池田内閣）の愚をくりかえさないことである。

　20年間を回顧して惜しまれるのは，出改札などの接客業務において自動化・無人化が進むだけで，輸送サービスが魅力を失い，安心感の低い，無機質のものに変化したことである。ビルの中のエレベーターのように無表

＊2007年3月，三島3社については，関連事業の例に「和食」「商業施設」「駐車場」「銭湯」があげられ，JR「3島会社」は「七変化」したとされ，本州3社とは違う姿が描かれた（朝日新聞3月5日）。その努力は2006年度の経営成績にも示された。

＊＊最大の難点は，他社の事例を参考に必要経費を算定させる方式である。何かの理由で全企業が値上げの必要を生じたとき，参考にする他社は存在しない。参考文献4，第3章第3項「運賃の不合理」を参照。

情になった。今一歩その手前で止まるべきではなかったかと感じられる。現状では利用者はJRにはなるべく乗らない方向に進むおそれがある。乗り物は魅力と信頼を失ってはならない。

　この20年間の輸送実績を，JR本州3社の人キロについて見ると，図24～26が示すとおり，最初の10年間はまず上り坂を登り，次に横ばい，次の10年間はなだらかに下り，つい最近は若干の持ち直しであった。もはや鉄道はそのような産業であり，本書において私が強調してきたのも，そのような実態であることをまず鉄道人自体が認識し，部外に向かっても説明することである。そうでなければ自滅を早めよう。

　付表14は最近10年間において減少がどの部分で進行しているかを示す。東京圏でさえ，数字は小さくても減少なのであり，山陽新幹線は幅が大きい。減少はローカル線だけでなく，多くの幹線において進んでいる。東京圏を除いた東日本在来線では13.3％減，京阪神圏以外の西日本在来線は何と24％減を示す。この現実を見よ，というのが著者がまず現在の政官業に，また広く国民に望みたいことである。

3．次の20年

　今後の展望のために次の20年がどのような位置にあるかを考えると，旅客は2006年は回復を示している（図24～26）。しかしさらに上昇を続けるかどうか，おそらく困難が大きい。20世紀後半において旅客輸送量は1996年，貨物輸送量は1990年が最高であった（図27）。

　他方，支出の面を考えると，過去20年の努力の末に，経費削減の余地が少なくなったと考えられる。駅構内及び車内の規律秩序の維持の面にも配慮が大切である。

　国民として最大の関心事は新幹線の施策であり，効果である。しかし政官業はその将来像を明確にしていない。巨額の投資を続けながら奇妙なことである。

　新幹線の建設はもはや効果は望めない。その何よりの例証は，推進者たちが有効な数字を示さない現実である。さらに奇妙なのは具体策さえ欠け

170

図24 JR東日本旅客輸送量（1970-2006）

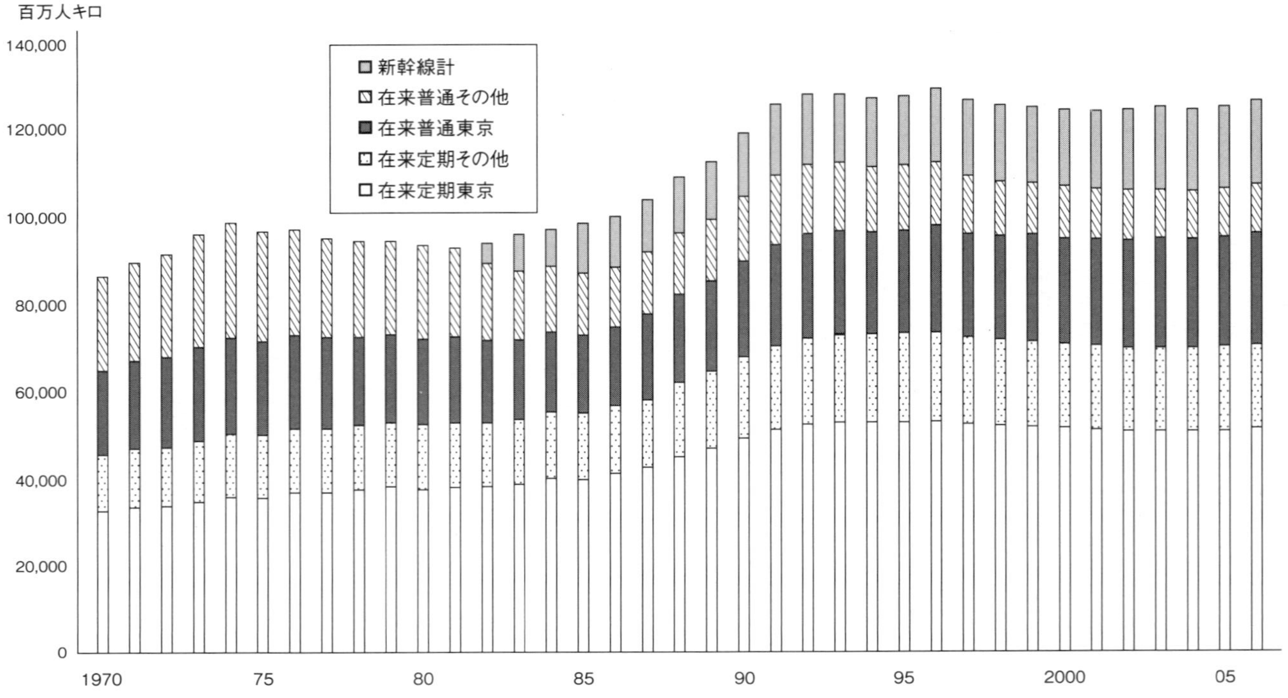

第X章　21世紀の選択　171

図25　JR東海旅客輸送量（1970-2006）

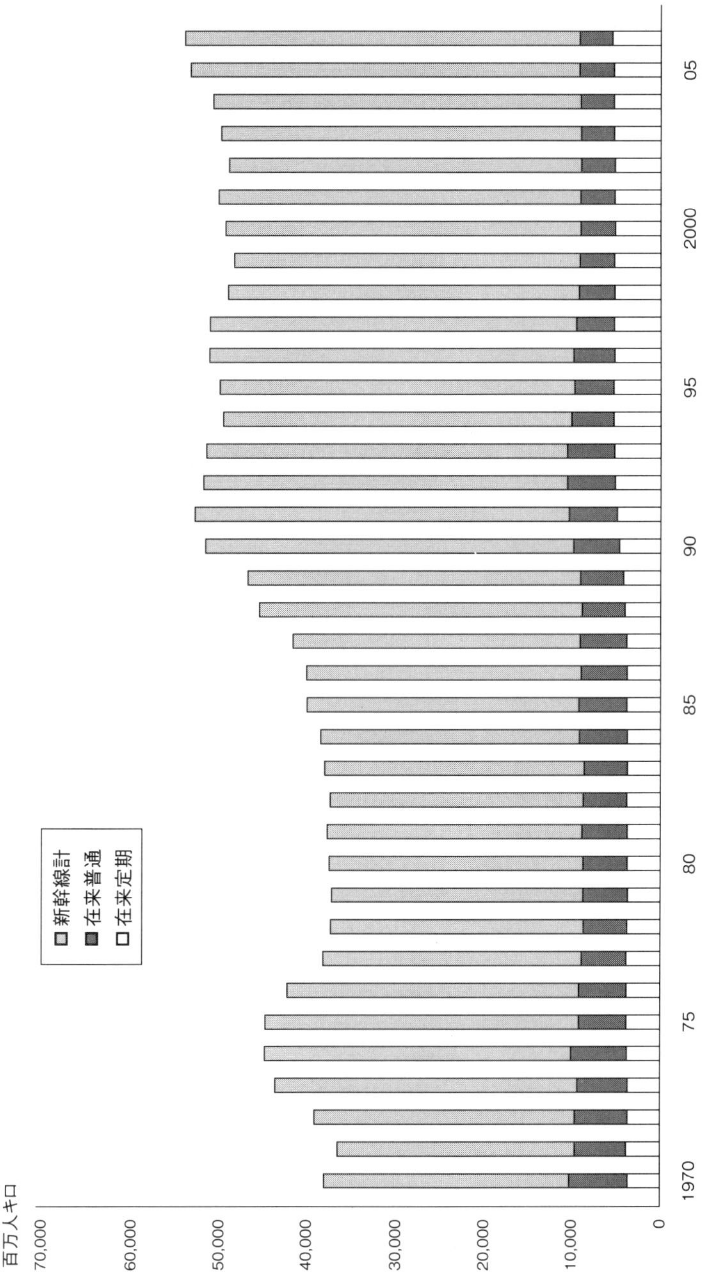

172

図26　JR西日本旅客輸送量（1970－2006）

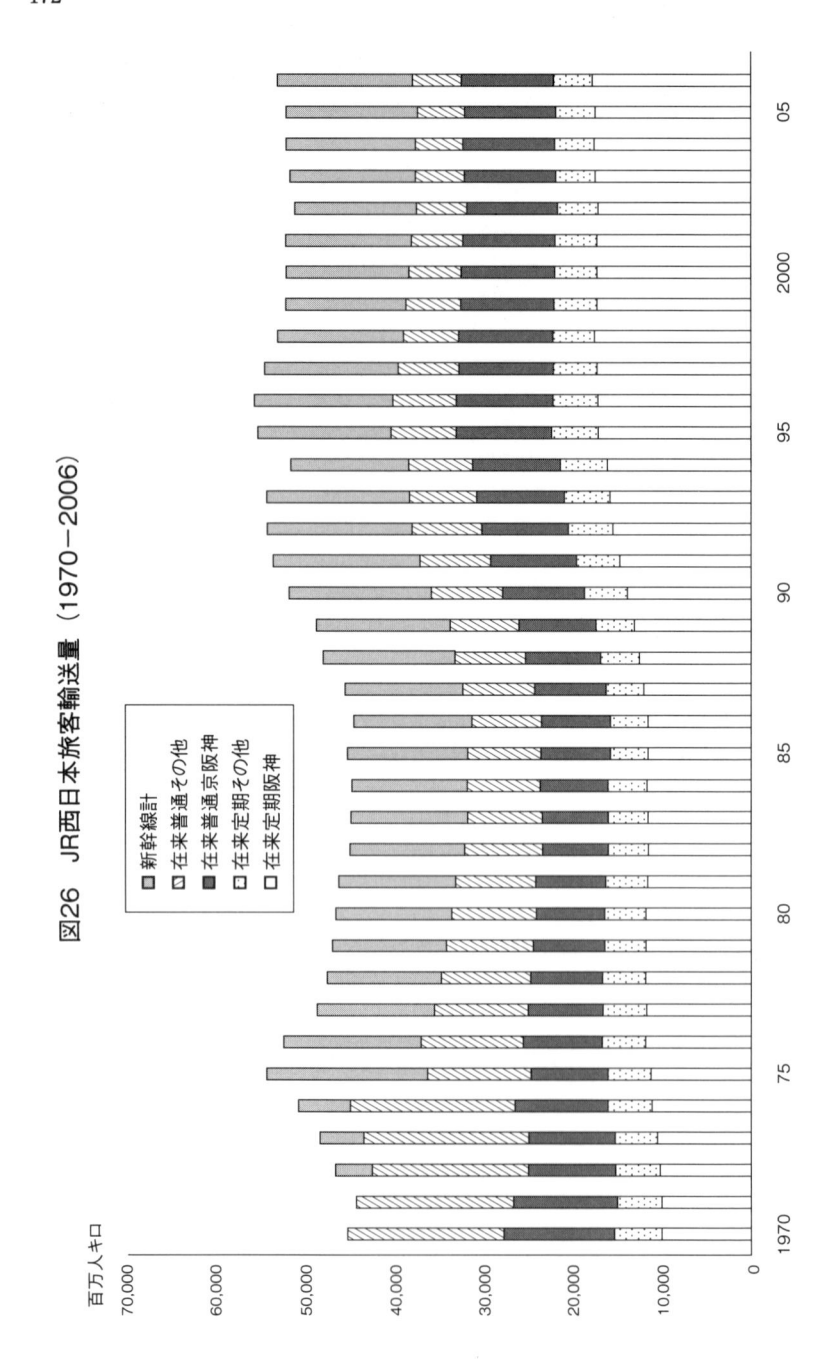

図27 客貨輸送に見るJR 2005年度の位置
（人キロ，トンキロ）

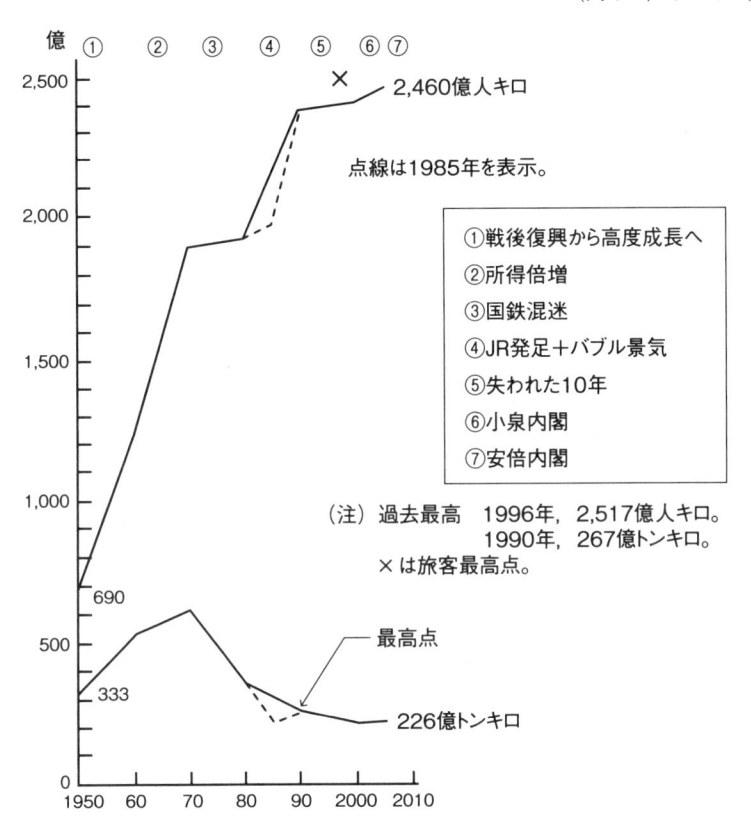

点線は1985年を表示。

① 戦後復興から高度成長へ
② 所得倍増
③ 国鉄混迷
④ JR発足＋バブル景気
⑤ 失われた10年
⑥ 小泉内閣
⑦ 安倍内閣

（注）過去最高　1996年，2,517億人キロ。
　　　　　　　1990年，267億トンキロ。
　　　　　×は旅客最高点。

2,460億人キロ
690
333
最高点
226億トンキロ

ることで，前述のように鹿児島－大阪間が4時間などといわれるとき，どのように利用されるのだろうか。飛行機に勝つのはむずかしい。まして函館－東京はそうである。

　さらに国民に内容が不明なのは，北陸新幹線の将来である。北の方から福井まで建設が決まったといっても，それから先，東海道との連絡をどうするのか。福井から東京や大阪へ列車が出るのかどうか。その構想があるのかないのかさえ不明のまま，建設工事だけが進められている。一体2020年ごろに北陸から東京・大阪へどれだけの人が新幹線に乗り，また現在の北陸本線を地元の企業としてどのように経営するのか，それらを明示すべ

き時期に来ている。

　今感じられるのは，この種の構想や具体策を国民に提示する能力と勇気が，政官業に失われている現実である。日本の鉄道はどこへ行くのか。もはやそのことが国民の関心事でなくなったほどに鉄道の地位が低下したのであろうか。ここで求められるのは鉄道人の説明責任であり（前節第2項），それさえ果たさないようでは鉄道の将来はない。

　最後に安全について今一度述べておきたい。大事故があると，事故ゼロが宣言される。しかしそう強調する政治行政は安全の本質を理解していない。事故ゼロは人間の世界には望めないのであり，その認識に立って，確率を低くする努力だけが我々に可能なのである（序章第Ⅱ節第5項）。空疎な希望や期待はこの面でも捨てなければならない。

　以上を要約して，万事先送りの精神，過信・慢心では鉄道の前途は先細りに細るだけである。かつて40年前に陥った愚かさを今一度くりかえさないことを望みたい。

Ⅳ　むすび―経済合理性の支配

　1941年，当時の鉄道省（後の国鉄）に入り，今日まで世界の鉄道に関心を持ってきた者として本書は永年の疑問への答えであった。

　まず第1は入省当時にそこに存在していた鉄道がなぜその体系なのか。東京駅はどうして首都の中心に存在し得たのか。山手環状線はどのようにして成立したのかであった（第Ⅵ章）。また当時すでに「新幹線」計画（東京－下関間の「弾丸列車計画」）が存在した。

　第2は自分の参加した東海道新幹線計画の需要と収支の予想が正しかったかであった（序章）＊。

　第3は東海道ほどの需要が望めない山陽新幹線やフランスのTGV路線

＊新幹線の評価については次を参照。角本良平「新幹線　軌跡と展望　政策・経済性から検証」交通新聞社，1995年7月

が鉄道経営に何をもたらすのかであり、今日その答えが得られた。

　第4は21世紀の鉄道が自立経営できる範囲の確認であり、輸送密度の大きさが肝要なことがJR旅客本州やスイスの事例で納得できた（第Ⅰ章）。

　第5は東海道新幹線の規格が最高速度250km/hを予想し、曲線半径を2,500mとしたので、速度を300km/hにはできないことが妥当であったかである（第Ⅳ章第Ⅱ節第2項、第Ⅴ章第Ⅰ節第3項）。

　以上の5問のうち第5についてはここで補足しておきたい。1950年代末の当時300km/hの実用化が現実論として期待困難であり、またそのため半径を4,000mにするには用地買収に時間がかかり予定の5年では完成できなかったであろう（採用したのは2,500m、予定の5年を半年追加して5年半で開業）。

　当時、東海道新幹線計画においては飛行機との関係をどのように想定するかが需要予測の大前提であり、私は「3時間乗車」が勝敗の決め手と考えた。3時間以内ならなお鉄道は利用される。

　この場合今一つ影響するのは価格であり、1970年代半ばからの国鉄は赤字対策として黒字の東海道新幹線の輸送量を減少させるほどに運賃料金を高くし、その競争力を失わせた。このことも今後のJR経営への教訓である。二度と繰り返してはならない。今日も東京−大阪間では、飛行機利用が鉄道利用よりも伸びているのである。

　この60数年、鉄道の経過を眺めてきて結論は、人間は経済合理性に逆らうことはできないという鉄則である。20世紀後半、鉄道に関し種々の試みがなされ、成功と失敗があり、21世紀は20世紀の経験に学ぶことが望まれる。それが本書を書き終わっての著者の願いである。

　<u>21世紀において鉄道をめぐる諸条件は好転しない。しかし鉄道経営を絶望に陥れる状況ではない</u>（第Ⅷ章第Ⅱ節第2項　21世紀へのスケッチ）。

　<u>永続できる可能性を賢明に生かしていく経営が望まれる</u>（第Ⅹ章第Ⅱ節第3項　21世紀の可能性）。

　<u>何よりも大切なのは必要な措置を直ちに実施する決断であり、自らを守る態度である</u>（序章第Ⅱ節第6項　21世紀への処方箋）。

参考文献

1. 「最新 世界の鉄道」海外鉄道技術協力協会編集，ぎょうせい制作，2005年6月
2. 「交通経済統計要覧」国土交通省総合政策局情報管理部監修，運輸政策研究機構発行，2006年8月
3. 「数字でみる鉄道」国土交通省鉄道局監修，運輸政策研究機構発行，各年。
4. 「JRは2020年に存在するか」角本良平，流通経済大学出版会，2001年6月
5. 「新幹線開発物語」角本良平，中公文庫，2001年12月
6. 「三つの民営化—道路公団改革，郵政改革とJR」角本良平，流通経済大学出版会，2005年9月
7. 「東京駅誕生」島秀雄，鹿島出版会，1990年6月
8. 「欧米諸国の鉄道と交通政策」日本国有鉄道外務部編，1968年9月
9. 「運輸と経済」（月刊）
10. 「鉄道ジャーナル」（月刊）

付 表

付表1 日・西欧・米の鉄道輸送 （その1）実数値

	面積 (千km²)	人口 (万人)	営業キロ (km)	旅客輸送 人員 (万人)	旅客人キロ (億)	貨物輸送 トン数(万)	貨物トン キロ(億)	収入 (億円)
JR6社	378	1億2,764	20,071	86億4,200	2,414			41,469
JR貨物			9,084			3,787	226	1,657
イギリス	244	5,968	17,052	9億6,000	391	9,400	194	8,208 [ac]
フランス	544	6,003	29,352	9億	735	1億2,800	500	22,080 [c]
ドイツ	357	8,256	35,986	16億8,170	695	2億8,230	800	48,384
イタリア	301	5,782	15,985	4億9,190	460	8,320	231	7,975 [c]
オランダ	34	1,629	2,806	3億1,900	144	2,457	38	3,816 [bc]
ベルギー	31	1,042	3,518	1億4,690	83	5,720	73	5,463 [c]
スイス	41	740	2,959	3億2,030	142	5,493	97	5,922
デンマーク	43	540	2,323	1億5,550	55	720	21	1,702 [bc]
米国アムトラック	9,356	2億9,363	36,280	2,459	91			2,388
貨物鉄道549社			225,500			17億9,906	2兆4,823	40,626 [d]
JR北海道	83	564	2,500	1億2,371	44			892
JR四国	19	411	855	6,185	16			367
JR九州	40	1,342	2,122	2億9,829	80			1,503

（注）収入は1ユーロ＝144円，1英ポンド＝216円，1スイスフラン＝94円，1US＄＝115円の計算。
　a 旅客25社, b 旅客のみ, c 上下分離の上部のみ, d 一級貨物鉄道7社。
　各国の数値は参考文献1による。JR6社の輸送量は2003年度分と推定。
　人口の年次不明のため，JR三島は参考文献2の2004年による。

（その2）単位当たり数値

	人口密度 人/km²	1営業キロ当たり 人キロ(万)	1営業キロ当たり トンキロ(万)	面積(千km²)当たり 人キロ(百万)	面積(千km²)当たり トンキロ(百万)	人口1人当たり 輸送人員(人)	人口1人当たり 人キロ	人口1人当たり トンキロ	営業キロ(km) 面積千km²当たり	営業キロ(km) 人口1万人当たり	輸送距離(km) 人キロ人員	輸送距離(km) トンキロトン数
JR6社	338	1,203		639		67.7	1,891		53.1	1.57	27.9	
JR貨物			249		60			177				596.8
イギリス	245	229	114	160	80	16.1	655	325	69.9	2.86	40.7	206.4
フランス	110	250	170	135	92	15.0	1,224	833	54.0	4.89	81.7	390.6
ドイツ	231	193	222	195	224	20.4	842	969	100.8	4.36	41.3	283.4
イタリア	192	288	145	153	77	8.5	796	400	53.1	2.76	93.5	277.6
オランダ	479 [a]	513	135	424	112	19.6	884	233	82.5	1.72	45.1	156.0
ベルギー	336	236	208	268	235	14.1	797	701	113.5	3.38	56.5	127.6
スイス	180	480	328	346	237	43.3	1,919	1,311	72.2	4.00	44.3	176.6
デンマーク	126	237	90	128	49	28.8	1,019	389	54.0	4.30	35.4	286.7
米国アムトラック	31	25								370.0		
貨物鉄道549社			1,101									1379.8
JR北海道	68	176		53		21.9	780		30.1	4.43	35.6	
JR四国	216	187		84		15.0	389		45.0	2.08	25.9	
JR九州	336	377		200		22.2	596		53.1	1.58	26.8	

（注）a オランダの面積を42千km²とする場合，人口密度は332。
　英，西独，仏の営業キロが客貨別に入手できた1980年度の数値は次の通りであった。（「日本国有鉄道監査報告書」1985年度）。

(1)営業キロ当たり年間人キロ
　　　英　317億÷14,403km＝2.201百万キロ
　　　西独　405億÷23,378　＝1.732
　　　仏　543億÷23,726　＝2.289
　　　日　1,931億÷21,030　＝9.182
(2)営業キロ当たり年間トンキロ
　　　英　176億÷16,530　＝1.065百万トンキロ
　　　西独　659億÷27,951　＝2.358
　　　仏　709億÷33,605　＝2.110
　　　日　370億÷19,558　＝1.892
　付表1の最近の数字は，旅客は1980年度と大きな違いはなく，貨物は日本が営業キロ減少で大きく出ている。
出典：参考文献1，2，3

付表2　5か国の輸送機関別輸送量の推移（1965－1990）

（旅客－輸送人キロ）

国名	項目	1965	1970	1975	1980	1985	1990
日本	JR（国鉄）	1,740 (45)	1,897 (32)	2,153 (30)	1,931 (25)	1,975 (23)	2,355 (21)
	民鉄	814 (21)	991 (17)	1,085 (15)	1,214 (15)	1,326 (15)	1,498 (14)
	バス	801 (21)	1,029 (18)	1,101 (16)	1,104 (14)	1,049 (12)	1,104 (10)
	乗用車	406 (11)	1,813 (31)	2,508 (35)	3,213 (41)	3,844 (45)	5,524 (50)
	国内旅客船	34 (1)	48 (1)	69 (1)	61 (1)	58 (1)	63 (1)
	国内航空	29 (1)	93 (1)	191 (3)	297 (4)	331 (4)	516 (4)
	計	3,825 (100)	5,872 (100)	7,107 (100)	7,820 (100)	8,582 (100)	11,060 (100)
イギリス	鉄道	349 (10)	356 (9)	350 (9)	350 (7)	360 (7)	410 (6)
	道路－公共車両	630 (19)	560 (14)	550 (14)	450 (9)	490 (9)	460 (7)
	－個人車両	2,330 (70)	3,140 (77)	3,020 (77)	3,950 (83)	4,410 (83)	5,880 (86)
	航空	16 (-)	19 (-)	20 (1)	30 (1)	40 (1)	50 (1)
	計	3,325 (100)	4,075 (100)	3,940 (100)	4,780 (100)	5,300 (100)	6,800 (100)
西ドイツ	鉄道	406 (11)	392 (9)	392 (8)	410 (7)	435 (7)	446 (6)
	公共道路輸送	512 (14)	584 (13)	677 (13)	741 (12)	623 (10)	652 (9)
	乗用車	2,674 (74)	3,506 (77)	4,054 (78)	4,703 (79)	4,816 (80)	5,938 (82)
	航空	33 (1)	66 (1)	89 (2)	110 (2)	127 (2)	184 (3)
	計	3,625 (100)	4,548 (100)	5,212 (100)	5,964 (100)	6,001 (100)	7,220 (100)
フランス	国鉄	383 (-)	410 (12)	507 (12)	545 (11)	621 (10)	622 (9)
	道路	-	3,000 (88)	3,700 (87)	4,490 (88)	5,320 (89)	6,270 (90)
	航空	5.2 (-)	17 (1)	27 (1)	46 (1)	40 (1)	89 (1)
	計	-	3,427 (100)	4,234 (100)	5,081 (100)	5,981 (100)	6,981 (100)
アメリカ	鉄道	283 (2)	175 (1)	162 (1)	177 (1)	177 (1)	210 (1)
	バス	383 (3)	407 (3)	402 (2)	434 (2)	386 (1)	372 (1)
	乗用車	13,155 (89)	16,508 (87)	18,729 (86)	19,469 (82)	21,078 (80)	25,712 (80)
	内航水運	50 (-)	64 (-)	64 (-)	-	-	-
	航空	935 (6)	1,909 (10)	2,381 (11)	3,524 (15)	4,666 (18)	5,776 (18)
	計	14,806 (100)	19,063 (100)	21,738 (100)	23,604 (100)	26,307 (100)	32,070 (100)

（注）1．日本は年度（4月－3月），他は暦年（1月－12月）
　　　2．航空は定期，不定期の計。1975年以降の旅客船には不定期が含まれる。
　　　3．イギリスの鉄道には，国鉄，ロンドン地下鉄，その他の鉄道が含まれる。
　　　4．西ドイツの乗用車は，Individualverkehr，いわゆるマイカーである。
　　　5．（　）の数値はシェア。

付　表　179

6．数値は四捨五入により合計の数値と必ずしも一致しない。
7．日本の乗用車は軽自動車及び貨物自動車を除く。

(貨物－輸送トンキロ)

国名	項目	1965	1970	1975	1980	1985	1990
日本	JR（国鉄）	558 (30)	620 (18)	463 (13)	367 (8)	214 (5)	267 (5)
	民　　鉄	9 (－)	10 (－)	8 (－)	7 (－)	5 (－)	5 (－)
	自　動　車	484 (26)	1,359 (39)	1,297 (36)	1,789 (41)	2,059 (47)	2,722 (50)
	内 航 海 運	806 (43)	1,512 (43)	1,836 (51)	2,222 (51)	2,058 (47)	2,445 (45)
	国 内 航 空	－ (－)	1 (－)	2 (－)	3 (－)	5 (－)	8 (－)
	計	1,857 (100)	3,502 (100)	3,606 (100)	4,388 (100)	4,341 (100)	5,447 (100)
イギリス	鉄　　道	252 (21)	268 (19)	209 (15)	176 (11)	153 (8)	158 (7)
	道　　路	688 (57)	850 (62)	918 (66)	959 (58)	1,032 (55)	1,363 (62)
	沿岸船舶（石油類）	250 (21)	232 (17)	207 (15)	414 (25)	389 (21)	321 (15)
	沿岸船舶（その他）	2 (－)	1 (－)	4 (－)	4 (－)	187 (10)	236 (11)
	パイプライン	13 (1)	30 (2)	59 (4)	101 (6)	112 (6)	110 (5)
	計	1,206 (100)	1,381 (100)	1,397 (100)	1,654 (100)	1,873 (100)	2,188 (100)
ドイツ（西ドイツ）	鉄　　道	582 (34)	715 (33)	553 (26)	649 (25)	640 (25)	618 (21)
	道　　路	625 (36)	780 (36)	960 (45)	1,244 (49)	1,322 (52)	1,698 (57)
	内 陸 水 路	436 (25)	488 (23)	476 (22)	514 (20)	482 (19)	548 (18)
	航　　空	1 (－)	1 (－)	2 (－)	3 (－)	3 (－)	4 (－)
	パイプライン	89 (5)	169 (8)	146 (7)	143 (6)	105 (4)	133 (4)
	計	1,733 (100)	2,153 (100)	2,137 (100)	2,553 (100)	2,552 (100)	3,001 (100)
フランス	鉄　　道	646 (44)	704 (37)	640 (34)	695 (32)	558 (31)	515 (26)
	道　　路	540 (37)	799 (41)	785 (42)	979 (46)	891 (49)	1,148 (58)
	内 陸 水 路	125 (9)	142 (7)	119 (6)	122 (6)	84 (5)	72 (4)
	航　　空	2 (－)	5 (－)	11 (1)	22 (1)	30 (2)	42 (2)
	パイプライン	151 (10)	276 (14)	302 (16)	333 (15)	242 (13)	205 (10)
	計	1,464 (100)	1,926 (100)	1,857 (100)	2,151 (100)	1,805 (100)	1,982 (100)
アメリカ	鉄　　道	11,403 (43)	12,408 (40)	12,212 (37)	14,996 (37)	14,401 (36)	17,232 (37)
	トラック	5,780 (22)	6,629 (21)	7,305 (22)	8,930 (22)	9,815 (25)	11,826 (26)
	内 陸 水 路	4,222 (16)	5,125 (16)	5,503 (17)	6,549 (16)	6,146 (16)	7,466 (16)
	航　　空	31 (－)	53 (－)	64 (－)	80 (－)	113 (－)	161 (－)
	パイプライン	4,930 (19)	6,935 (22)	8,158 (25)	9,461 (24)	9,074 (23)	9,397 (20)
	計	26,366 (100)	31,151 (100)	33,242 (100)	40,016 (100)	39,549 (100)	46,082 (100)

(注) 1．日本は年度（4月－3月），他は暦年（1月－12月）
2．日本の貨物自動車は営業用，自家用の合計。航空は郵便物，超過手荷物は含まない。
3．イギリスの沿岸船舶（石油類）は1980年までは沿岸船舶の全輸送を含み，同（その他）は1980年までは内陸水路の輸送量。1985年以降に石油以外の貨物と内陸水路の貨物を含めている。航空貨物は不明，鉄道は列車扱のみ。1970年以降はフレートライナー会社，ナショナル・キャリア会社扱いの鉄道貨物を含むものとする。
4．西ドイツの航空は国内（ベルリンを含む）輸送のみ。
5．フランスの航空は一部国際線を含む。
6．（　）内はシェア

付表3　日英独仏の輸送機関別輸送量の推移（1995－2002）

（旅客－輸送人キロ）　　　　　　　　　　　　　　　　　　　　　　（単位：億人キロ，％）

国名	項目	1995	1996	1997	1998	1999	2000	2001	2002
日本	ＪＲ	2,490 (22)	2,517 (22)	2,477 (21)	2,428 (20)	2,408 (20)	2,407 (20)	2,411 (20)	2,392 (20)
	民鉄	1,511 (13)	1,504 (13)	1,476 (12)	1,461 (12)	1,443 (12)	1,438 (12)	1,443 (12)	1,430 (12)
	バス	973 (9)	949 (9)	929 (8)	904 (8)	887 (7)	873 (7)	864 (7)	862 (7)
	乗用車	6,085 (51)	6,200 (51)	6,314 (53)	6,439 (54)	6,449 (54)	6,430 (54)	6,451 (54)	6,405 (54)
	国内旅客船	55 (-)	56 (-)	54 (-)	46 (-)	45 (-)	43 (-)	40 (-)	39 (-)
	国内航空	650 (5)	691 (5)	732 (6)	760 (6)	793 (7)	797 (7)	815 (7)	840 (7)
	計	11,764 (100)	11,917 (100)	11,982 (100)	12,038 (100)	12,025 (100)	11,988 (100)	12,024 (100)	11,968 (100)
イギリス	鉄道	369 (6)	389 (5)	410 (6)	420 (6)	460 (6)	470 (7)	470 (6)	480 (6)
	道路-公共車両	430 (6)	440 (6)	440 (6)	430 (6)	450 (6)	450 (6)	460 (6)	470 (6)
	-個人車両	5,940 (87)	6,200 (88)	6,140 (87)	6,160 (87)	6,210 (87)	6,130 (85)	6,220 (85)	6,870 (87)
	航空	60 (1)	50 (1)	70 (1)	70 (1)	73 (1)	76 (1)	77 (1)	85 (1)
	計	6,799 (100)	7,079 (100)	7,060 (100)	7,080 (100)	7,192 (100)	7,210 (100)	7,330 (100)	7,905 (100)
ドイツ	鉄道	750 (8)	760 (8)	739 (8)	724 (8)	736 (8)	751 (8)	753 (8)	708 (8)
	公共道路輸送	770 (8)	767 (8)	762 (8)	757 (8)	762 (8)	778 (8)	770 (8)	755 (8)
	乗用車	7,429 (80)	7,443 (80)	7,497 (80)	7,557 (80)	7,659 (80)	7,410 (79)	7,225 (79)	7,186 (79)
	航空	325 (4)	336 (4)	358 (4)	375 (4)	399 (4)	427 (5)	419 (5)	408 (5)
	計	9,274 (100)	9,306 (100)	9,356 (100)	9,413 (100)	9,556 (100)	9,357 (100)	9,167 (100)	9,057 (100)
フランス	鉄道	556 (7.2)	598 (7.6)	618 (7.7)	645 (8.1)	668 (8.1)	807 (10)	826 (10)	846 (10)
	道路	7,050 (91.2)	7,160 (90.7)	7,270 (90.6)	7,210 (90.1)	7,400 (90.0)	7,449 (88)	7,724 (88)	7,840 (89)
	航空	127 (1.6)	138 (1.7)	138 (1.7)	145 (1.8)	157 (1.9)	157 (2)	145 (2)	137 (2)
	計	7,733 (100)	7,896 (100)	8,026 (100)	8,000 (100)	8,223 (100)	8,413 (100)	8,695 (100)	8,823 (100)

（注）1．イギリスの鉄道には，民営化前の英国鉄道，民営化後の旅客列車運行会社，ロンドン地下鉄，その他の鉄道が含まれる。
2．日本の乗用車には軽自動車等は含まない。
3．ドイツの乗用車はIndividualverkehr，いわゆるマイカーである。
4．貨物の注2），3）参照。
5．フランスの鉄道2000年以降が急騰なのは何の理由がある。
　　SNCFの統計ではその輸送量は次のとおりであった。

旅客輸送人キロ			
1998年	645億	2002年	735億
1999	662	2003	717
2000	699	2004	743
2001	715		

貨物輸送トンキロ			
1998年	527億	2002年	500億
1999	521	2003	468
2000	554	2004	461
2001	504		

(貨物-輸送トンキロ)　　　　　　　　　　　　　　　　　　　　　(単位：億トンキロ，%)

国名	項目	1995	1996	1997	1998	1999	2000	2001	2002
日本	JR	247 (5)	246 (5)	243 (5)	226 (4)	223 (4)	219 (4)	219 (4)	219 (4)
	民鉄	4 (-)	4 (-)	3 (-)	3 (-)	3 (-)	3 (-)	3 (-)	3 (-)
	自動車	2,926 (51)	3,034 (51)	3,042 (53)	2,986 (55)	3,051 (55)	3,110 (53)	3,111 (54)	3,219 (55)
	内航海運	2,383 (44)	2,417 (44)	2,370 (42)	2,270 (41)	2,294 (41)	2,417 (42)	2,445 (42)	2,356 (41)
	国内航空	9 (-)	10 (-)	10 (-)	10 (-)	10 (-)	11 (1)	10 (-)	10 (-)
	計	5,569 (100)	5,711 (100)	5,668 (100)	5,495 (100)	5,581 (100)	5,760 (100)	5,787 (100)	5,807 (100)
イギリス	鉄道	133 (6)	151 (7)	169 (7)	174 (7)	184 (8)	181 (7)	194 (8)	187 (7)
	道路	1,496 (64)	1,593 (65)	1,571 (67)	1,595 (65)	1,567 (65)	1,580 (62)	1,569 (64)	1,573 (62)
	沿岸船舶(石油類)	314 (14)	387 (16)	338 (15)	364 (15)	331 (14)	548 (21)	588 (23)	672 (26)
	沿岸船舶(その他)	212 (11)	174 (7)	143 (6)	208 (8)	199 (8)	126 (6)		
	パイプライン	122 (5)	116 (5)	112 (5)	112 (5)	116 (5)	114 (4)	115 (5)	109 (4)
	計	2,277 (100)	2,367 (100)	2,333 (100)	2,453 (100)	2,397 (100)	2,549 (100)	2,466 (100)	2,541 (100)
ドイツ	鉄道	688 (16)	677 (19)	729 (20)	736 (16)	714 (15)	760 (15)	743 (15)	720 (14)
	道路	2,797 (65)	2,807 (67)	2,232 (60)	3,159 (67)	3,417 (69)	3,472 (69)	3,530 (69)	3,540 (70)
	内陸水路	640 (15)	613 (14)	622 (16)	643 (14)	627 (13)	665 (13)	648 (13)	642 (13)
	航空	5 (-)	5 (-)	6 (-)	7 (-)	7 (-)	8 (-)	7 (-)	8 (-)
	パイプライン	166 (4)	145 (3)	132 (4)	148 (3)	150 (3)	150 (3)	158 (3)	152 (3)
	計	4,296 (100)	4,247 (100)	3,721 (100)	4,693 (100)	4,915 (100)	5,055 (100)	5,086 (100)	5,062 (100)
フランス	鉄道	491 (24)	505 (22)	548 (22)	551 (22)	544 (21)	554 (21)	504 (19)	500 (19)
	道路	1,320 (63)	1,592 (67)	1,661 (67)	1,678 (67)	1,825 (69)	1,847 (69)	1,890 (70)	1,893 (71)
	内陸水路	59 (3)	57 (2)	57 (2)	62 (2)	68 (2)	73 (3)	67 (3)	69 (3)
	航空	9 (-)	- (-)	- (-)	- (-)	- (-)	- (-)	- (-)	- (-)
	パイプライン	223 (10)	219 (9)	221 (9)	216 (9)	214 (8)	215 (7)	223 (8)	223 (8)
	計	2,102 (100)	2,373 (100)	2,487 (100)	2,507 (100)	2,651 (100)	2,689 (100)	2,684 (100)	2,685 (100)

(注) 1. イギリスの鉄道には，民営化前の英国鉄道，民営化後の鉄道貨物輸送会社の数値が含まれる。イギリスの道路の数値は，総重量3.5トン以下の車両を含む。
2. ( ) 内はシェアを示す。
3. 四捨五入のため合計は必ずしも一致しない。

付表4　国民の鉄道利用比較

(1)人口1人当たりの人キロ　　(2)鉄道1営業キロ当たりの人キロ

	人口1人当たり輸送人員	1回の乗車距離(km)	人口1人当たり人キロ	1営業キロ当たり輸送人員(万)	1回の乗車距離(km)	1営業キロ当たり人キロ(万)
JR 6社	67.7	27.9	1,891	43.1	27.9	1,203
イギリス	16.1	40.7	655	5.6	40.7	229
フランス	15.0	81.6	1,224	3.1	81.7	250
ドイツ	20.4	41.3	842	4.7	41.3	193
オランダ	19.6	45.1	884	11.4	45.0	513
スイス	43.3	44.3	1,919	10.8	44.3	480
デンマーク	28.8	35.4	1,019	6.7	35.4	237
JR北海道	21.9	35.6	780	4.9	35.6	176
イタリア	8.5	93.5	796	3.1	93.5	288

出典：付表1による

付表5　JR九州とオランダ，ベルギー，スイス（その1　実数値）

	面積(千km²)	人口(万人)	営業キロ(km)	旅客輸送人員(万人)	旅客人キロ(億)	貨物トンキロ(億)	旅客収入(億円)	収入(億円)	1営業キロ当たり人キロ(万)	1営業キロ当たりトンキロ(万)
JR九州	40	1,342	2,122	29,829	80	-	1,503		377	
オランダ	34	1,629	2,806	31,900	144	38	3,816		513	135
ベルギー	31	1,042	3,518	14,690	83	73		5,463	236	208
スイス	41	740	2,959	32,030	142	97		5,922	480	328

（注）1ユーロ＝144円，1スイスフラン＝94円で計算。
出典：付表1に同じ。

（その2　順位）

輸送距離(km)人キロ÷人員	面積	人口	営業キロ	輸送人員	人キロ	人口/面積	人キロ/面積	人キロ/人口	人キロ/営業キロ	人キロ/人員
26.8	2	2	4	3	4	3	4	3	4	4
45.1	3	1	3	2	1	1	1	2	1	2
56.5	4	3	1	4	3	2	3	3	4	1
44.3	1	4	2	1	2	4	2	1	2	3

付表6　JR北海道と北欧4か国

	面積(千km²)	人口(万人)	営業キロ(km)	旅客人キロ(億)	貨物トンキロ(億)	旅客収入(億円)	貨物収入(億円)	収入(億円)	1営業キロ当たり人キロ(万)	1営業キロ当たりトンキロ(万)
JR北海道	83	(2003) 566	2,500	(2003) 44	-	(2003) 892			176	
デンマーク	43	(2004) 540	2,323	55	21			1,702	239	89
ノルウェー	324	459	4,023	25	22			1,342	62	54
スウェーデン	412	900	11,823	59	120	892	975		50	101
フィンランド	338	522	5,850	33	97			1,711	56	166

（注）1 DDK＝1/5.95US$，　1 US$＝115円として1 DDK＝19.3円と計算。
　　　1 NOK＝1/6.6US$，　1 US$＝115円として1 NOK＝17.4円と計算。
　　　1 SEK＝1/7.27US$，1 US$＝115円として1 SEK＝15.8円と計算。
　　　1 FMK＝1 FIM＝1/6.0ユーロ，1ユーロ＝144円として1FMK＝24円と計算。

付表7　JR7社とルクセンブルク，オーストリア，アイルランド，ポルトガル，スペイン

	面積 (千km²)	人口 (万人)	営業キロ (km)	旅客 人キロ (億)	貨物 トンキロ (億)	収入 (億円)	1営業キロ当たり 人キロ(万)	1営業キロ当たり トンキロ(万)
JR7社	377.8	1億2,764	(旅)20,071 (貨) 9,084	2,414	226	43,126	1,203[a]	249[a]
ルクセンブルク	2.586	45	274	2.68	6.12	611	98	223
オーストリア	84	811	5,634	83	176	4,311	147	312
アイルランド	69	406	1,947	15	5	284	77	26
ポルトガル	92	1,047	2,836	37	26	326	130	91
スペイン	505	4,253	12,310	195	117	2,535	159	95

(注) 1ユーロ＝144円。
　　軌間　アイルランド＝1600mm，スペイン＝1668,1435mm，ポルトガル＝1668,1000mm。
　　a 客貨別に計算。
出典：参考文献1

付表8　西ヨーロッパ16国の鉄道の営業収支

(単位：億円)

	収入	支出	上下分離年
[上下分離の上下計]			
ドイツ	48,384	48,528	1994
[上下分離の上の企業]			
イギリス	8,208	10,800 (旅客鉄道25社計)	1994
フランス	22,080	21,300	1997
イタリア	7,975	8,973 (鉄道輸送事業)	1998
オランダ	3,817	3,793 (旅客輸送事業会社)	1994
ベルギー	5,464	5,653	2005
デンマーク	1,702	1,553 (旅客輸送事業)	1997
ノルウェー[a]	1,342	1,323 (鉄道輸送事業)	1996
スウェーデン	旅892 貨975	1,004 993	1988
フィンランド	1,711	1,618	1995
ポルトガル	326	581	1997
スペイン	2,535	4,405	1994
[上下一体]			
スイス[a]	5,922	5,734 (連邦鉄道のみ)	
ルクセンブルク	611	615	
オーストリア	4,311	5,564 (連邦鉄道のみ)	
アイルランド	284	530	

(注) 上下一体で黒字＝スイス。上部企業で鉄道全体として黒字＝フランス，ノルウェー，フィンランド。旅客のみ黒字＝オランダ，デンマーク。a はEUに未加盟。
出典：参考文献1。収支の年次は示されていない。

付表9　日本と7大国

	面積 (万km²)		人口 (万人)		営業キロ (km)	旅客人キロ (億)	貨物 トンキロ (億)	面積当たり 営業キロ (m/km²)
日本		37.8		1億2,764	(旅) 20,071	2,414	226	(旅) 53.1
アメリカ合衆国	④	935.6	③	2億9,363	① (貨) 225,500	90.9	2兆4,823	(貨) 24.1
カナダ	②	997.1	⑥	3,189	④ (貨) 55,428	14.8	3,402	(貨) 5.6
ブラジル	⑤	851.2	④	1億7,909	⑦ 23,290	不明	1,332	2.7
中国	③	956.1	①	13億0,736	③ 71,898	4,969	1兆5,516	7.5
インド	⑦	316.6	②	10億8,664	⑤ 63,122	4,935	3,332	19.9
ロシア	①	1,707.5	⑤	1億4,412	② 86,660	1,529	1兆5,100	5.1
オーストラリア	⑥	770.3	⑦	2,013	⑥ 40,100	不明	不明	5.2

(注)日本の営業キロはJR6社。
出典：参考文献1

付表10　米国の交通手段別輸送量の推移

(旅客－輸送人キロ)　　　　　　　　　　　　　　　　　　(単位：億人キロ，％)

年度 項目	1995	1996	1997	1998	1999	2000	2001	2002
鉄道	225 (1)	209 (1)	209 (1)	225 (1)	225 (1)	241 (1)	241 (1)	－ (－)
バス	451 (1)	467 (1)	499 (1)	515 (1)	563 (1)	611 (2)	676 (2)	－ (－)
乗用車	30,539 (81)	30,844 (80)	27,997 (77)	29,059 (78)	29,767 (77)	30,748 (77)	31,167 (78)	－ (－)
航空	6,661 (17)	7,176 (18)	7,450 (21)	7,659 (20)	8,061 (21)	8,528 (21)	8,109 (20)	－ (－)
計	37,876 (100)	37,696 (100)	36,154 (100)	37,458 (100)	38,616 (100)	40,128 (100)	40,193 (100)	－ (－)

(注)「世界の鉄道」ではアムトラックは90億8,789万人キロ。

(貨物－輸送トンキロ)　　　　　　　　　　　　　　　　　(単位：億トンキロ，％)

	1995	1996	1997	1998	1999	2000	2001	2002
鉄道	22,124 (40)	22,944 (40)	22,864 (40)	23,202 (40)	24,119 (40)	24,682 (41)	25,068 (42)	25,165 (－)
トラック	14,819 (27)	15,639 (28)	16,026 (28)	16,524 (29)	17,586 (29)	17,281 (29)	16,911 (28)	－ (－)
内陸水路	7,997 (15)	7,788 (14)	7,836 (14)	7,771 (14)	7,804 (14)	8,142 (14)	7,948 (13)	－ (－)
航空	209 (－)	225 (－)	225 (－)	225 (－)	225 (－)	257 (－)	241 (－)	－ (－)
パイプライン	9,670 (18)	9,960 (18)	9,927 (18)	9,876 (17)	10,040 (17)	9,928 (16)	9,919 (17)	－ (－)
計	54,819 (100)	56,556 (100)	56,878 (100)	57,698 (100)	59,774 (100)	60,273 (100)	60,064 (100)	－ (－)

(注)「世界の鉄道」では鉄道は2兆4,823億トンキロ。
出典：参考文献3

付表　185

付表11　アメリカ大陸の3大国

	面積 (千km²)	人口 (万人)	営業キロ (km)	旅客 人キロ (億)	貨物 トンキロ (億)	収入 (億円)	1営業キロ当たり		面積(千km²) 当たり 営業キロ
							人キロ (万)	トンキロ (万)	
参考									
JR 6 社	377.8	1億2,764	20,071	2,414		41,102	1,203		53.1
JR 貨物			9,084		226	1,657		249	24.0
フランス	544	6,003	29,352	735	500	22,080	250	170	54.0
合衆国	9,356	2億9,363	(A) 36,280 (X) 225,500	90.9	2兆4,823	2,388 4兆0,626	25	1,101	24.1
カナダ	9,971	3,189	(V) 12,826 (N)+(P) 55,428	14.82	3,402.1	(N)+(P) 9,830	16	614	(N)+(P) 5.6
ブラジル	8,512	1億7,909	(X') 21,500 (C) 1,790		(X') 404 928	(X')(1995)@ 867.2		(X') 189 (C) 5,184	(X') 2.5

(注)（A）アムトラック。（X）貨物鉄道全594社。1 US$＝115円として計算。
　　（V）カナダ旅客会社。（N）（P）カナダ貨物会社。1カナダドル＝103円と計算。
　　（X'）ブラジル分割民営6社。（C）鉱山鉄道2社を保有するリセデ社。
　　@　403億9,400万トンキロ＝867億円とすれば，1トンキロ2円強。
出典：参考文献1

付表12　中国，インド，ロシア，オーストラリア

	面積 (千km²)	人口 (万人)	営業キロ (km)	旅客人キロ (億)	貨物トンキロ (億)	収入 (億円)	1営業キロ当たり	
							人キロ (万)	トンキロ (万)
参考 合衆国	9,356	2億9,363	(貨)549社) 225,500	90.9	2兆4,823	4兆0,626	25[a]	1,101
中国	9,561	(2004) 13億0,736	71,898	4,969.4	1兆5,516	2兆0,455	622	2,158
インド	3,166	10億8,664	63,122	4,935	3,332	1兆0,925	782	528
ロシア	17,075	(2004) 1億4,412	86,660	1,529	1兆5,100	(2003) 2兆8,405	176	1,742
オーストラリア	7,703	2,013	40,100			8,681		

(注)　ロシアルーブル＝4.6円と計算。
　　　中国元＝14.4円と計算。
　　　インドルピー＝2.7円と計算（ここでは1 US$を115円と計算）。
　　　豪ドル＝89円と計算。
　　　a　表11による。
出典：参考文献1

付表13　12都府県の面積・人口における比重

	面積 (km²)	人口（2003） (千人)	人口密度 (人/km²)
全国	377,899	127,619	338
12都府県	58,387	66,956	1,147
35道県	319,512	60,663	190
12都府県比率（％）	15.45	52.47	

(注) 1．12都府県＝埼玉，千葉，東京，神奈川，岐阜，静岡，愛知，滋賀，京都，大阪，兵庫，奈良．
　　 2．この地域に対応の人キロは次のとおりである（2004年度）．
　　　　　在来線　　東京圏　　766.95億　（31.65）
　　　　　　　　　　京阪神圏　284.36　　（11.74）
　　　　　東海道新幹線　　　　415.57　　（17.15）
　　　　　　　計　　　　　　1,466.88　　（60.54）
　　　　　　JR合計　　　　　2,422.89　　（100）

付表14　JR本州3社旅客輸送量対比（1996, 2006）

(単位：百万人キロ)

東日本	1996	2006	(％)
在来計	113,138	108,279	△4.3
東京計	78,264	78,034	△0.3
その他計	34,874	30,245	△13.3
在来定期	74,086	71,202	△4.9
在来定期東京	53,893	52,134	△3.3
在来定期その他	20,193	19,068	△5.6
在来普通	39,052	37,077	△5.1
在来普通東京	24,371	25,900	6.3
在来普通その他	14,681	11,177	△23.9
新幹線計	16,519	19,374	17.3[a]
新幹線定期	1,184	1,656	39.9
新幹線普通	15,335	17,718	15.5
定期計	75,270	72,858	△3.2
普通計	54,387	54,795	0.8
合計	129,657	127,653	△1.5
東海	1996	2006	
在来計	9,731	9,046	△7.0
在来定期	5,218	5,279	1.2
在来普通	4,513	3,767	△16.5
新幹線計	40,973	44,487	8.6
新幹線定期	973	1,254	28.9
新幹線普通	40,000	43,233	8.1
定期計	6,191	6,533	5.5
普通計	44,514	47,000	5.6
合計	50,705	53,533	5.6
西日本	1996	2006	
在来計	40,516	38,514	△4.9
京阪神計	28,537	28,801	0.9
その他計	11,978	9,712	18.9
在来定期	22,786	22,922	0.6
在来定期京阪神	17,822	18,536	4.0
在来定期その他	4,965	4,385	△11.7
在来普通	17,729	15,592	△12.1
在来普通京阪神	10,715	10,265	△4.2
在来普通その他	7,014	5,327	△24.0
新幹線計	15,456	15,164	△1.9
新幹線定期	475	650	36.8
新幹線普通	14,980	14,514	△3.1
定期計	23,262	23,572	1.3
普通計	32,709	30,106	△8.0
合計	55,971	53,678	△4.1

(注)　在来計＝在来線合計，東京計＝東京圏在来線計．
　　　3社合計は1996年 236,333, 2006年 234,864であり，0.6％減であった．
　　　a 1997年，高崎－長野，2004年，盛岡－八戸の開業があった．他の2
　　　　社は追加がない

「重要語句」索引

(表現は一部修正，○は強調項目，□は要約の項目)

あ

アジア・ハイウェー ……………… 142
アムトラック Amtrak
　………………………… 54, 143, 150
○安全 …………………………… 27, 174
ICE …… 29, 64, 87, 90, 97, 101, 147
ETR ………………………… 29, 87, 90, 95
宇宙への意識 ………………………… 135
運賃調整（広域の）
　………………… 48, 72, 79, 123, 131
AVE ……………………………… 45, 87, 92
N700系（東海道・山陽新幹線）
　………………………… 27, 64, 71, 80
エネルギー（消費）
　………………… 26, 71, 80, 142, 145,
　　　　　　　　　146, 168
帯状の流れ（輸送量の）…… 65, 155
オープンアクセス ………… 38, 50, 106
オリエント急行 ………………… 45, 76

か

海峡連絡 …………………… 2, 67, 93, 139
環境保全 ……………………… 26, 96, 168
軌間不統一 ……………………………… 77
○技術開発の限界□ …………………… 69
供給による需要誘発 …………………… 77
巨大2都市を結ぶ路線
　………………………………… 2, 57, 66
空間の入手 …… 70, 80, 127, 130, 143
空間の不足 ……………………… 135, 139
○経済合理性（の支配）
　………………………… 63, 82, 84, 174
公共性 …………………………………… 150
公共料金抑制 …………………… 152, 168
高速化の収支 …………………………… 26
高速新線 ………… 4, 22, 55, 63, 77, 80,
　　　　　84, 90, 95, 103, 105, 146, 167
交通に特有の条件□ …………………… 69
国鉄の残した債務 ……………… 20, 167
国民の気質気風 …………………… iii, 43
○コンコルドの誤り …… 70, 80, 97

さ

債務繰り越しの阻止 ………………… 6
先細り型の流れ（輸送量の）……… 65
3時間乗車 ………… 64, 66, 161, 175
三Ｂ政策, 三Ｃ政策 ………… 76, 82
（300＋Ｘ）km/h時代
　　　　　　 ……… 63, 96, 145, 161, 175
○JR４社の困難 ……………… 158, 168
時代の変化 ……………………… 81, 159
○自動車と飛行機の挟撃
　　　　　　 …………… 22, 75, 155, 167
社会装置 ………………… 1, 129, 166
社会秩序 …………………………… 133
車体傾斜式電車 …………………… 35
需要先行の供給 …………………… 77
需要粉飾 …………………………… 153
上下分離 ……… 6, 18, 24, 45, 49,
　　82, 106, 146, 147, 150, 152, 159,
　　161, 164
乗車距離 ……………………… 31, 34
乗車人員（輸送人員）……………… 31
状況の正確な把握 ………………… 156
自立経営（採算）………………… 148
新幹線 ………… 2, 4, 19, 21, 63, 94,
　　99, 143, 147, 160, 165, 167, 169,
　　174
新幹線通勤 ………………………… 25
人キロ（国別特色）……………… 31

○人口集中地域 ………… 9, 25, 125
寝台列車 ……………… 2, 64, 88, 148
○すき間産業 ……… 22, 83, 143, 155
青函トンネル ……… 2, 49, 68, 95,
　　156, 160, 163
政治は逃亡・経営は崩壊 ………… 162
専門能力の低下 …………… 95, 162
○速度（最適の）……………… 35, 70

た

ターミナル駅 …………… 4, 22, 132
第2新幹線 ………………………… 71
○大量・定形・継続（需要の）
　　　　　　 ………………… 6, 71, 75, 159
治安秩序維持能力 ……… 77, 81, 169
地域急行（交通）線 ………… 48, 123
地下利用の限界 ………………… 133
地形（地質）……… 27, 29, 35, 39,
　　80, 102
中央駅（への一点集中）
　　　　　　 ………………… 107, 128, 157
超高速（鉄道）……………………… 70
TEE …………………… 45, 87, 101
TGV ……… 23, 29, 36, 63, 87, 90, 94,
　　97, 101, 147, 165
ディレッティシマ ………… 90, 94
鉄道経営と地域の条件 ……………… 4

○鉄道経営の基本（キーワード）□
　　　……………………… 7, 8, 20
鉄道経営の評価基準……………… 35
鉄道経営ベストスリー
　　　………………… 6, 17, 146
○鉄道建設七つの着眼点□…… 78
○鉄道人の説明責任
　　　………………… 164, 169, 174
鉄道と航空との連絡………… 24, 65
○鉄道の将来予測8項目□……… 4
○鉄道の存続（2グループ）
　　　………………… 28, 71, 150, 154
鉄道の役割………………… 6, 148
鉄道離れ………………… 135, 145
○鉄道旅客輸送に三つの限界□
　　　……………………………… 145
寺田寅彦………… 38, 88, 102, 120
○転換期における選択………… 149
東海道新幹線………… 4, 23, 25, 71,
　　79, 87, 90, 94, 174
東京駅………… 19, 95, 107, 132, 157
東京の巨大……………………… 121
特定地方交通線………… 21, 47, 160
都市交通の歴史性……………… 127
都市鉄道の経営………… 37, 128
都市と鉄道の関係
　　　……………… 80, 103, 114, 129
都市の規模と鉄道網の均衡…… 121
トランスラピット…………… 26, 71

な

○21世紀の可能性……………… 165
○21世紀への処方箋…………… 28
○21世紀へのスケッチ………… 141
日欧の交流……………………… 104
○人間の主体性…………… 4, 18

は

○費用負担方式………… iii, 71, 166
負担（納税者）の発生……… iii, 164
振子式電車……………………… 35
ベルリン中央駅…………… 22, 114
ベルリンの心象………………… 126
ベルリンへの着眼点□………… 122
ボスポラス海峡トンネル……… 67
北極海経由航路………………… 70

ま

マスメディア（新聞放送）
　　　………………… 156, 164, 168
未成鉄道（中国，1940年）…… 73
無賃乗車………………………… 48
メッシナ海峡……………… 67, 93

や

ユーロトンネル……… 2, 18, 48, 49, 68, 92, 156, 160
○輸送密度……… 4, 6, 9, 18, 20, 28, 34, 36, 43, 47, 82, 106, 143, 145, 166, 168, 175
○輸送力存続の3条件□……… 77

ら

ランドブリッジ……… 2, 74, 76
リニアモーター（カー）
　……… 70, 93, 97
利用者（の動向）……… 3, 7, 139
旅客鉄道普及の予測□……… 83

ABC

auto/train……… 88
car sleeper……… 88
Eurostar（ユーロスター）…… 101
Thalys（タリス）……… 101

著者略歴

角 本 良 平（かくもと　りょうへい）

1920年　金沢市に生まれる。
1941年　東京大学法学部卒業。経済学博士。
同　年　鉄道省入省。運輸省都市交通課長，国鉄新幹線総局営業部長，国鉄監査委員，運輸経済研究センター理事長，早稲田大学客員教授，帝都高速度交通営団監理委員などを歴任。
現　在　交通評論家
著　書　「新・交通論」，「交通研究の知識学」，「交通の風土性と歴史性」，「交通の未来展望」，「交通の政治システム」（以上，(日通総研選書) 白桃書房），「現代の交通政策」（東洋経済新報社），「国鉄改革をめぐるマスメディアの動向」，「鉄道と自動車21世紀への提言」，「新幹線　軌跡と展望」，「国鉄改革　JR10年目からの検証」，「鉄道経営の21世紀戦略」（以上，交通新聞社），「交通政策の危機」（成山堂），「交通の改革 政治の改革―閉塞を打破しよう―」，「交通学130年の系譜と展望―21世紀に学ぶ人のために―」，「常識の交通学―政策と学問の日本型思考を打破―」，「JRは2020年に存在するか」，「道路公団民営化 2006年実現のために」，「自滅への道―道路公団民営化Ⅱ」，「三つの民営化―道路公団改革，郵政改革とJR」（以上，流通経済大学出版会）ほか多数。

世界の鉄道経営「今後の選択」
―わが体験的（21世紀）鉄道論―

発行日	2007年6月15日　初版発行
著　者	角　本　良　平
発行者	佐　伯　弘　治
発行所	流通経済大学出版会
	〒301-8555　茨城県龍ケ崎市120
	電話　0297-64-0001　FAX　0297-64-0011

©R.Kakumoto 2007　　　　　Printed in Japan／アベル社
ISBN978-4-947553-43-0 C3065 ¥2900E